日本
現代監獄的制度

監修 河合幹雄

與你我熟悉的社會大相逕庭
封閉又獨特的「監獄」世界

　　各位是不是都覺得監獄這種地方，是一群反社會分子四處橫行、經常發生暴動和鬥毆，無法可管的地帶呢？確實，監獄裡有些人毫無悔意，不斷來去進出，但其中也有與暴力毫無瓜葛的人。

　　有些人因為許多緣故賺不到錢、吃霸王餐而遭到逮捕入獄。他們服滿刑期出獄後，還是照樣不懂得怎麼工作賺錢，於是不停重複吃霸王餐、被送進監獄的循環。說到底，只要進入監獄，至少可以保障三餐的溫飽。

　　這群「牆內不知悔改之人」，是監獄裡的熟面孔。實際上，日本每年新入獄的受刑人，大約有一半都是曾經多次服刑的人。說他們是獄中生活的專家也不為過。

然而，或許很多讀者都認為，自己和前面提到的這群人根本是不同世界的居民。畢竟大多數人都不曾入獄，甚至也不曾受到警察關照吧。

　　日本的入獄過程是如何？受刑人進入監獄後過著什麼生活？在監獄裡工作的刑務官有哪些職務？另一個世界的人無從得知這些事情。

　　本書會運用大量插圖來介紹日本的現代監獄──刑務所的世界。畢竟，你我都有可能在某一天基於某個緣由而入獄服刑。如果大家可以把這些內容作為預備知識記在腦海裡，或許就能在未來派上用場。

　　　　　　　　　　　　　　河合幹雄

刑務所是一種矯正機關

可能有人不知道看守所和刑務所的明確差異，
這裡就來簡單清楚地介紹日本法務省管轄的矯正機關的架構。

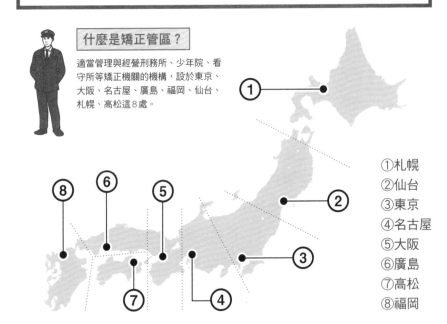

什麼是矯正管區？

適當管理與經營刑務所、少年院、看守所等矯正機關的機構，設於東京、大阪、名古屋、廣島、福岡、仙台、札幌、高松這8處。

①札幌
②仙台
③東京
④名古屋
⑤大阪
⑥廣島
⑦高松
⑧福岡

在日本，收容刑事被告和犯罪者的設施，有看守所和刑務所這兩種。看守所主要拘留尚未確定刑責的嫌疑人，刑務所則是收容已判刑的受刑人。

此外，刑事被告和犯罪者未必都是成年人。針對未滿20歲的犯罪青少年，相關機關有少年鑑別所、少年院（※編註：相當於台灣的少年觀護所與矯正學校）和少年刑務所。順便一提，少年鑑別所和少年院的目的在於教育，而非刑罰；少年刑務所則是針對少年處以刑事罰責，因此也會有未滿26歲的受刑人。這些設施統稱為「矯正機關」。

矯正機關是由以法務大臣為頂點的法務省「矯正署」管轄，矯正署和矯正機關之間設置一個「矯正管區」的上層機關。

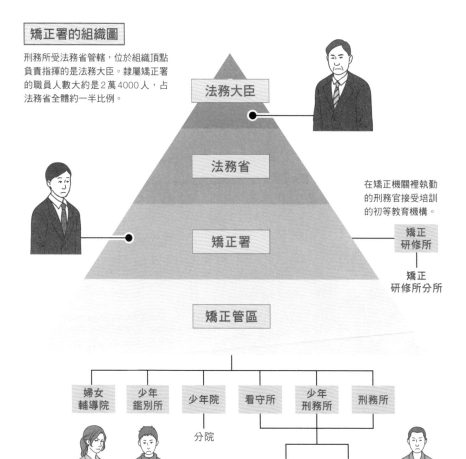

矯正署的組織圖

刑務所受法務省管轄，位於組織頂點負責指揮的是法務大臣。隸屬矯正署的職員人數大約是 2 萬 4000 人，占法務省全體約一半比例。

法務大臣

法務省

矯正署

在矯正機關裡執勤的刑務官接受培訓的初等教育機構。

矯正研修所

矯正研修所分所

矯正管區

婦女輔導院　少年鑑別所　少年院　看守所　少年刑務所　刑務所

分院

地方分所　　地方分所

日本的矯正管區劃分為東京、大阪、名古屋、廣島、福岡、仙台、札幌、高松共8個區域，矯正機關會同時接收矯正署和矯正管區下達的指示。

在日本矯正機關裡執勤的刑務官，按規定必須接受職務所需的教育訓練。其初等教育機關是「矯正研修所」，對應各個矯正管區，全國共設有8間矯正研修所。

研修包含為期約70天的集合研修，以及約150天所屬部門內的實務研修。集合研修需要住在宿舍裡生活，期間內除了薪資以外，還會另外補助每日約1500日圓的津貼。

受刑人當中有很多無法成功更生而面臨困境的人，矯正署正是以穩固的體制來引導受刑人更生。

職責是幫助犯罪者回歸社會

日本刑務所並不是單純關押犯罪人士的隔離設施。
所有刑務所都是預設受刑人未來將回歸社會，予以矯正與協助更生的設施。

一年最多會有約230萬件拘提或文件送到檢察廳，但實際上只有3萬人左右才會入獄服刑，僅僅只占了全體的大約1％。

如果是偷竊，即使犯行3次也不至於入獄，但只要被逮捕，就會連日受到警察長時間嚴厲的調查審訊。

　　不知道各位在新聞報導中看見引發社會輿論的嫌疑人，最後獲得不起訴處分時，是不是會覺得很奇怪呢？其實，刑務所並不是那麼簡單就能進去的地方。即使以嫌疑人的身分遭到警察逮捕，也有很多案例連開庭審理都沒有，就直接釋放嫌疑人了。

　　這又是為什麼呢？這是因為，刑務所的成立宗旨是幫助收容者更生和回歸社會。如果犯罪者長期關在刑務所裡，反而會因脫離現實社會而難以回歸。因此，日本司法的潛規則是儘量避免犯人入獄，入獄後也要儘快釋放。

　　舉凡偷竊這類的輕度犯罪行為，犯行三次以下多半不會入獄。當然，犯人還是會在警察局的拘留所接受教訓，但基本上都

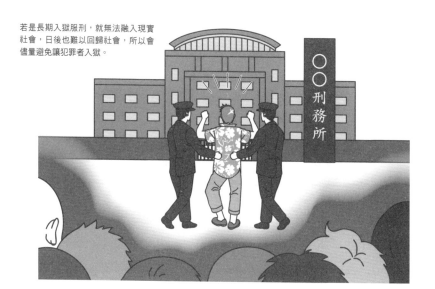

若是長期入獄服刑，就無法融入現實社會，日後也難以回歸社會，所以會儘量避免讓犯罪者入獄。

判處緩刑

即使判處有期徒刑，有60%以上的案例還是會設置緩刑期間。只要緩刑期間沒有發生刑事案件，原刑罰就會撤回。

不要再進來了喔

即使入獄了，只要認真服刑，刑期過了三分之二後就可以獲得假釋。刑務所的營運不只是儘量避免犯罪者入獄，也會讓受刑人儘早出獄。

會判處緩起訴或緩刑。

實際上，日本一年最多會有約230萬件拘提或文件送到檢察廳，但其中只有大約3萬人才會收監。因為造成事件或問題而被警察關照的人當中，僅僅只有大約1%才會入獄。

除此之外，受刑人只要認真服刑、成為模範囚犯，等所服刑期過了三分之二後就可以獲得假釋。即使原先判處三年的有期徒刑，但就實務經驗，大約兩年後就可以出獄了。

或許有人認為「罪犯就該坐一輩子的牢」，但刑務所是協助犯人更生並回歸社會的矯正機構，裡面可是有很多安排與規範，會讓大約1%的受刑人想著「好想趕快離開」。

刑務所簡介③

糖果與鞭子的紀律社會

如果無法控管受刑人，刑務所內就不得安寧。
因此，各位最好可以認識一下刑務所裡執行的各種管理方法。

為了管理刑務所裡的受刑人，會執行宛如軍隊般嚴格的紀律。

1 2 3 4

報數！

　　本刑務所是個全面管理的社會，只要認真服刑就能獲得獎勵，犯錯自然就會得到嚴厲的處罰。也就是分別運用「糖果」和「鞭子」的法則來經營。

　　刑務所裡的團體生活中，為了不造成他人的麻煩，受刑人會彼此互相牽制和監視，採取「連帶責任」的懲處規範。這個規範十分嚴格，光是舍房沒有整理乾淨就會被扣分，所以受刑人都會為了避免被扣分而自然遵守規範。根據成績好壞，可以獲准外出或打電話。

　　刑務所內每天早上的例行事務是檢查舍房，只要發現房內沒有整頓乾淨，刑務官就會怒吼飆罵。除此之外，還會執行嚴格的點名制度。每當受刑人準備休息或是運動時，按照規定，都必須按照刑務官的口

刑務所的基本規範是團體行動和負連帶責任，從說話方式到行走姿勢，都絕不允許我行我素。

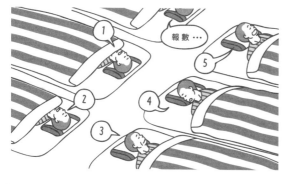

如果分配到多人房，從早上起床到晚上就寢都只能團體行動。

報數…

受刑人也有非常難得的機會可以吃到甜食，完全採取糖果和鞭子的管理法則。

令整隊。只要少一個人，就會視為有受刑人逃獄，接著廣播宣告進入緊急狀況，並展開大幅搜索。

收容在刑務所裡的受刑人，所服的刑罰都是「自由刑」，意思就是限制自由。不過，他們禁止自由活動的理由並不僅止於此，如果放任受刑人隨意行動，很快就會分出好幾個團體，彼此互相對峙，甚至可能聯合起來發起反抗刑務官的行動。為了保持刑務所裡的安寧，限制受刑人的自由可說是必要措施。

順便一提，判處死刑的受刑人，服的並不是自由刑，而是「生命刑」。雖然他們在看守所內可享有比其他受刑人更為自由的行動空間，但是換個角度來看，這反而是最不自由的刑罰。

contents

1章　入獄的規範

◆　收監的過程

◆　新人研修

2章　生活的規範

3章　獄中的休閒娛樂

4章　刑務官的規範

5章　出獄的規範

◆　假釋

◆　出獄

column

1章

入獄的規範

犯人被逮捕時並不會馬上送進刑務所裡。逮捕後會先接受警察偵訊，如果有檢察官起訴，就會開始審理。判決有罪後，才會真正送入刑務所。這裡就來介紹嫌疑人在入獄以前，會經歷什麼樣的過程。

不是只有警察能抓犯人，
人民也有逮捕現行犯的權利！

相符身分 ▷ | 嫌疑人 | 嫌犯 | 被告 | 受刑人 | 其他 |　　　相符設施 ▷ | 拘留所 | 看守所 | 刑務所 | 其他 |

🔗 強制拘提人身
並留置拘留所的「逮捕」

受刑人送進刑務所的第一階段就是逮捕。逮捕是警察或檢察廳為了防止嫌疑人（有犯罪嫌疑的人）逃亡或滅證，而強制拘提其人身、送進拘留設施。簡單來說，就是「會受到警察關照」。

日本是法治國家，所以即使需要逮捕，基本上也要有法院核發的拘票。警察一定要向嫌疑人出示拘票、告知對方涉嫌的罪行和逮捕的理由。這一系列的程序稱作「通常逮捕」。

不過，如果是涉及殺人、強盜等重大犯罪的嫌疑人，得以不用拘票緊急拘捕，這就稱作「緊急逮捕」。等到確定抓獲嫌疑人以後再向法院申請簽發拘票。

還有另一種不需要拘票就能拘捕人身的逮捕。即便不是重大罪行的嫌疑人，只要當下正進行犯罪或是確定剛才犯了罪，就可以現場逮捕。這就稱作「現行犯逮捕」，不限於警察和檢查機關的司法人員，一般人民也可以逮捕犯人。

如果是現行犯，就沒有誤認錯逮這回事，因此由一般人民逮捕是受到法律認可，也是國民具備的正當權利。不過，一般人在逮捕犯人時，還是必須立刻移交給警察，不得動用私刑。

當然，一般人民進行逮捕行動時難免會有風險。可能在和嫌疑人扭打時不慎受傷，或是反遭嫌疑人攻擊傷害，所以還是交由警察執行比較保險。相反地，要是在逮捕時沒有拿捏好，過度重創嫌疑人，反而導致自己成為嫌疑人的話，事態可就嚴重了。

逮捕

通往刑務所的第一步就是逮捕！

進入刑務所的第一個程序就是逮捕。逮捕又分為通常、緊急、現行犯這三種。

通常逮捕

原則上的逮捕手續是出示拘票、告知對方涉嫌的罪行和逮捕的理由後，再拘提嫌疑人。拘票需要由法院同意簽發。

緊急逮捕

如果是可能判處徒刑，或是禁錮（拘禁獄中的無勞役刑罰）三年以上的罪行，有逃亡和滅證之虞的嫌疑人，不需要法院發行的拘票就可以立刻執行的逮捕手續。

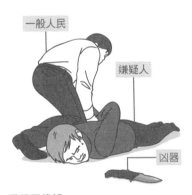

現行犯逮捕

逮捕正在犯罪的嫌疑人或剛才犯了罪的嫌疑人的手續。不需要拘票，一般人民也可以出動逮捕。

17

拘留所裡有冷暖氣設備，但依然夏熱冬冷

相符身分 ▷ 嫌疑人　嫌犯　被告　受刑人　其他　　　相符設施 ▷ 拘留所　看守所　刑務所　其他

☏ 一旦遭到逮捕或起訴 訴訟結束前都要拘留

即使逮捕了嫌疑人，也不會馬上被送進刑務所裡。入獄必須先經過「刑事訴訟」的程序才行。

首先，被逮捕的人會稱作「嫌疑人」，人身自由受限，得留置在拘留所裡。日本各都道府縣的警察局裡都有拘留所，也就是俗稱的「豬圈」。基本上是個可以過夜住宿的大房間。嫌疑人會在警局的偵訊室裡接受調查。只要警察判定為可立案的罪行，就會在逮捕後48小時內移送到檢察廳。若是證據不足、超過期限，就不得繼續拘留嫌疑人。

如果是輕微的罪行，就會將案件資料送交檢察廳，嫌疑人得以回家；但重大罪行就會連同人身一同送交。此外，檢察官判定有收押必要時，就會在送交檢察後的24小時以內聲請羈押。核發押票後，嫌疑人的稱呼就會變成「嫌犯」，警察和檢察官最多可以將嫌犯的人身羈押在拘留所裡偵訊23天。

檢查官會在這段期間確定其嫌疑，收集足以開庭審理的證據後再起訴。如果發現嫌犯沒有犯罪嫌疑，或是證據不足時，就會不起訴釋放。不過一旦起訴，嫌犯就成為「被告」，繼續羈押在拘留所或移送看守所等待判決。

拘留所和看守所都是收容嫌犯和被告的地方，差別在於拘留所是受到警察局管理，看守所則是受到法務省管理。

起訴期間會自動附加兩個月的拘留期，每延長一個月便由檢察官辦理更新程序。被告在訴訟結束前會一直在拘留所內生活。

收監的過程

新人研修

基礎知識

拘留所

一旦受到警察關照，就要住進拘留所

拘留所是暫時拘禁逮捕者的設施，位於警察局內。日本法律規定人身拘留最長可達23天。

通常設於2F、3F

拘留所的位置
拘留所幾乎都設置在警察局裡，日本社會一般俗稱「豬圈」，由警察管轄。

拘留所的情況
為了防止嫌疑人逃脫而用來關押的拘留所，可容納人數多達10～20人。通常設有冷暖氣，但室溫是夏熱冬冷。

偵訊
偵訊的時間原則上除了午餐時間以外，是從早上9點到下午5點，其他時間基本上都不會受到管束。

逮捕後最長23天
拘留所的居留期間最多23天。只要獲得不起訴處分或緩刑，嫌疑人就可以回家；一旦遭到起訴，就會繼續拘留或是移送。

拘留所

拘留所只要付錢交保就可以離開！

被檢察官起訴後，嫌疑人就會變成被告、移送至看守所或是繼續待在拘留所。此外，只要利用保釋制度就可以離開。

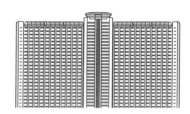

拘留所
起訴後成為被告的嫌犯拘留場所。也會收容死刑犯和確定判處徒刑的既決犯。

只要付錢就可以保釋
沒有逃亡和滅證之虞的被告，只要繳納保釋金就可以回家。日本的保釋金最少50萬日圓，最高有數億日圓。

保釋期的規範

住在固定的地址
必須住在自家或是向法院申請過的居住地址。

每月報到1次的義務
即使獲得保釋，也規定要前往法院報告現狀。

如果試圖逃亡和滅證⋯⋯
被告一旦逃亡或滅證，保釋金就會被沒收，並且由檢察官和警察拘提人身。

拘留所和看守所的差別

拘留所和看守所有什麼不同？

拘留所是由警察管轄，看守所則是由法務省管轄。雖然兩者看起來很像，但是對拘留者的待遇卻有天壤之別。

雖然可以吃到白飯，但菜色十分清淡。

外送便當

拘留所的飲食
警察局裡沒有廚房，所以在拘留所都是提供免費的外送便當。另外，也可以自理費用叫自己想吃的便當。

手做

不論嫌犯是否已經判決，都能吃到加了麥子的米飯。

看守所的飲食
看守所裡有廚房，烹飪是勞役的一環，由既決犯負責。未決犯則適用和拘留所一樣的自理制度。

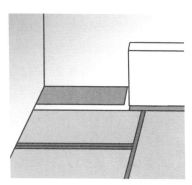

拘留所內部
這是在沒有偵訊的時候用來拘留嫌犯的設施，所以裡面是沒有茶几和寢具的簡單布置。順便一提，寢具是有需要才會在關燈前提供。

看守所內部
除了防止嫌犯逃亡和滅證以外，室內設計成可以過著人類生活的布置。備有茶几和寢具。

名人住單人房！
看守所裡的舍房分配方法

相符身分 ▷	嫌疑人	嫌犯	被告	受刑人	其他

相符設施 ▷	拘留所	看守所	刑務所	其他

檢查身體、隨身物品後 收容於單人房或多人房

當嫌犯從拘留所移送到看守所後，首先要讓看守所的刑務官拍照，接著脫光內衣褲，進行全裸的身體檢查、隨身物品檢查（扣留調查）。這個程序連前首相都不得免除。如果是女性嫌犯，就由女刑務官來檢查。

在隨身物品的檢查中，會分類為可在房內使用與不得使用的物品，以及需要檢查和不需要檢查的物品。

收容處為單人房或多人房其中之一。可以收容於單人房的有知名人物、犯下殺人等重大刑案的被告、黑道組長等幹部、否認犯案的人，以及其他被判定不適合團體生活的被告。

單人房大約有2坪大，起居空間占1.5坪、馬桶和洗手台占了半坪。房內有安裝在牆上的私人置物架、屏風、小桌子，牆上還貼有月曆和被收容者的遵守事項。

另一方面，多人房的收容空間大約是6坪，收容人數為6～8人。房內備有馬桶、洗臉台、全套寢具、坐墊、掃除用具、餐具器皿等生活必需品。另外還放著「所內生活指南」的小冊子，清楚記載了看守所內的生活規範、辯護律師的選任、訴訟的流程、對判決有異議時的上訴方法等被告應當具備的知識。

此外，在分配看守所的舍房時，原則上同一案的共犯會分在不同樓層，運動和沐浴時也不會讓他們見面，黑道同夥也是比照辦理。有自殺疑慮者會收容在多人房，因為有同居者就能及早察覺異狀、防範自殺。

舍房的分配

單人房只有問題人士才能居住

看守所分成收容多人的多人房，以及一人居住的單人房。這裡就來介紹舍房的分配方式。

多人房

在大約6坪的空間裡收容6人左右的多人房。由於是多人同住，可以和其他人談笑，但也會發生霸凌現象。

單人房

明星藝人、重大犯罪的被告、跨性別人士等等，考慮到保護隱私或周遭的影響，都會分配到單人房。

看守所是由法務省管轄

拘留所受到警察管轄，但看守所是受到法務省管轄。設施內和刑務所一樣，會有巡邏警衛。

看守所的生活，
飲食和服裝都沒有強制規定

| 相符身分 ▷ | 嫌疑人 | 嫌犯 | **被告** | 受刑人 | 其他 | | 相符設施 ▷ | 拘留所 | **看守所** | 刑務所 | 其他 |

🔗 開放攜帶衣服、書籍 也可在房內自由活動

日本的看守所位於東京、名古屋、京都、大阪、神戶、廣島、福岡，共有8處（東京有兩處），加上地方分所，全國共設有111座。收監於看守所的主要是尚未在訴訟中判刑的被告（未決犯），但所內也收押受刑人（既決犯）。

在刑務所裡，取餐和洗衣等生活必備的事務原則上都是自行處理，不過基於「在判刑以前都屬於無罪」的無罪推定觀點，不可能讓未決犯做這些事情。因此才會將已判刑的受刑人收監於看守所內，讓他們照顧未決犯。

另外，看守所內也有死刑犯。死刑是奪取犯罪者性命的「生命刑」刑罰。因此，死刑犯在行刑以前的待遇都和未決犯一樣。

看守所內身為未決犯的被告，平時都要關押在房間裡，等待訴訟結束。雖然起床、就寢、吃飯、運動等時間都有嚴格的規定，但除此之外，生活比刑務所更自由。在出席法庭以外的時間都可以在房內任意活動。

衣服、內衣褲、寢具、書籍等都可以自行攜入。飲料、便當熟食、點心零食等只要是在指定的商店購買也可以攜入。不過，書籍和衣服等自備物品需要經過嚴格檢查，之後才交還。

被告可以獲准會客，條件是需要有刑務官在場記錄對話內容，以防被告意圖滅證和逃亡。並且會客中禁止使用外語和暗號，若不遵守刑務官的指示，就會強制中止會客。信件收發也都會受到檢閱，根據狀況可能會禁止書信往來。

看守所的規範

在看守所內可以任意飲食

在訴訟結束以前，被告都有無罪推定的待遇。因此看守所內的行動可以獲得某種程度的自由。

可以買點心零食

在看守所內只要有能力付錢，就可以購買點心零食、冰品、杯麵等等，但這是未決犯才有的權利，既決犯不得購物。

禁止穿著有繩子的連帽衫

便服和內衣褲須自備

看守所內的未決犯並不是服刑，所以衣服和內衣褲基本上可以任意穿著。不過，為防範自殺，通常會禁止穿著附繩子的連帽衫之類的衣服。

房內也備有床鋪

最近也有看守所專為高齡人士準備床鋪。為避免犯人用床鋪擋住出入口，所以床鋪是固定在地板上。

最近過得好嗎？

允許平日會客一次

除了週末和國定假日等休廳日以外，大約上午8點30分到下午4點之間都可以會客。時間通常規定在半小時以內。

收押天數是否包含在刑期內？最終裁定權在法院！

相符身分 ▷	嫌疑人	嫌犯	被告	受刑人	其他

相符設施 ▷	拘留所	看守所	刑務所	其他

訴訟期間的羈押天數也會計算在刑期內嗎？

日本的法律訴訟採取「三審制」——單一案件至多可以提出三次訴訟。如果被告不接受第一次的判決（第一審），可以上訴要求第二次審理，在日語中稱作「控訴」。若還是不接受第二次的判決（第二審），可以再上訴要求第三次審理，此稱為「上告」。在判決翌日起14天內若未提出上訴，該判決便直接定讞。

控訴的理由有八成是「量刑不當（刑罰過重）」。上告在原則上僅限於判決有違憲之虞、違反最高法院判例的狀況，但實際上大多數案件都是因為量刑不當、誤認事實。因此，幾乎所有上訴案件都是在書面審查的階段就遭到駁回。

判決定讞後，計算刑期結束日時可以扣除實際羈押在看守所內的部分天數。這在日本稱作「法定通算」，意思是法律規定的合計方式，上訴期間（控訴和上告皆為14天）和上訴後推翻判決時，所有羈押天數都可以折抵刑期。若上訴遭到駁回，就無法折抵。因此一旦訴訟期間拉長，有些被告甚至會事後後悔：「如果我不上訴直接去坐牢的話，大概已經可以假釋出獄了吧……。」

另外還有一個制度叫「裁定算入」，根據刑務官判斷是否將羈押天數計入刑期中。這個制度的基準是從提出上訴的當天開始，到判決日前一天的羈押天數當中，扣除訴訟所需的天數，在判決時計入主刑之內。但是裁定算入終歸是交由法院裁定，所以也可能根本不會計入。

三審制

法律規定訴訟可多達三次

遭起訴的被告在訴訟中判處實刑後，就需要到刑務所服刑。
不過，至少有三次可以贏得無罪的機會。

有異議可控訴
上訴期限14天

地方法院
各都道府縣的地方政府所在地都一定設有執行
第一審的地方法院。輕微的犯罪事件由簡易庭
辦理判決，少年犯罪的審理則在家事法庭執行
第一審。

高等法院
日本全國有東京都、大阪市、名古屋市、廣島
市、福岡市、札幌市、仙台市、高松市共8個
高等法院，再加上6個分院。主要執行對第一
審判決的控訴審理。

有異議可上告
上訴期限14天

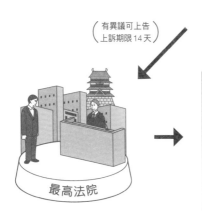

最高法院
只設於東京的法院。由14名判事（法官）和1
名最高法院長官組成。一旦判決定讞，只要沒
有特殊事由，就不會再發回重審。若是被告不
控訴或上告，就會在該階段判決定讞。

刑務所FILE

**幾乎都不會上訴到最高法院
直接駁回入獄！**

日本原則上採取三審制，但是在最高法
院爭辯的案例非常少。除非是憲法解釋
有誤或是有違憲之虞，否則上訴到最高
法院的上告都會遭到駁回，確定執行控
訴審（高等法院）的判決。

初次犯罪者與再犯者，服刑場地大不相同

相符身分 ▷ 嫌疑人　嫌犯　被告　**受刑人**　其他　　　相符設施 ▷ 拘留所　看守所　**刑務所**　其他

⚥ 依照受刑人的犯案類型判定移送刑務所

刑務所會儘量把同一類型的受刑人集中在一起，便於管理，因此每個刑務所都有固定的收容分類，這就稱作「處遇指標」（收容分級）。由負責執行分類調查的刑務所判定受刑人該移送到哪一座刑務所。

現在，全日本共有67座刑務所，A指標刑務所有17座、B指標刑務所有41座、醫療刑務所3座、女子刑務所5座、收容駐日美軍相關人士的刑務所1座。基本上會按照徒刑和禁錮的量刑、性別、犯罪傾向的進度、長期刑和短期刑、病人、外國人來分類。

初犯及再犯的刑期在五年以上、犯罪傾向未惡化的受刑人屬於A指標，再犯及黑道成員等犯罪傾向惡化的受刑人則屬於B指標，受刑人會依分類進入其中一座刑務所。要是把一時衝動而犯罪的初犯受刑人，關進再犯受刑人或黑道成員所在的刑務所裡，恐怕會耳濡目染、脫離更生之路。

針對犯罪傾向的判定，只要下列五項全符合就是A指標，此外則是B指標。①不曾入獄服刑，或是已出獄五年以上。②曾進入少年院一次以下。③不曾加入反社會團體。④犯行出於偶發或機會（非計劃犯行）。⑤過去一年內沒有藥物、酒精成癮。

此外，28歲以下初次入獄的年輕受刑人不會經過分類調查，而是移送到分類中心，由更專業的人員進行行為觀察等調查，選擇最適合更生的刑務所。因為正值人生可以重來的年齡，才要做確認調查。

犯罪傾向

受刑人大致分為兩種

最理想的作法，是儘量將同一類受刑人集中收容在同一刑務所裡，因此有個分類基準。

①不曾入獄服刑

不曾入獄的初犯者，基本上都視為犯罪傾向未惡化。此外，即使曾經服刑，但只要5年以上未再犯，就會當作初犯處理。

②曾進入少年院一次以下

曾進入少年院兩次以上的人，視為犯罪傾向惡化。換言之，只要在一次以下，就會歸類為A指標。

區分A指標和B指標的五個指標

刑務所裡會將犯罪傾向未惡化者歸為A指標，犯罪傾向惡化者歸為B指標。有五個指標可以大致判別A指標和B指標。

③不屬於反社會團體

若曾經加入流氓等反社會團體，即便是初犯也會分類為犯罪傾向惡化的B指標。

④非計劃犯行

犯行為突發、偶發的話，就會分類為A指標。相對地，有計畫犯行者即便是初犯，也會歸為犯罪傾向惡化的B指標。

⑤過去一年內沒有藥物成癮、酒精成癮症

一年內有藥物成癮、酒精成癮的人，即便是初犯，也會歸類為和反社會團體、計畫犯罪者一樣的B指標。

經歷各項程序後終於進入刑務所

判別犯人的犯罪傾向是否惡化以後，最後就是決定收容受刑人的刑務所。

執行刑期在1年以上
沒有入獄經驗
未滿28歲的男性受刑人

在直接送犯人進入刑務所以前，會在分類中心判定他要分到哪一座刑務所。判定過程需要約兩個月。

分類中心

根據資料，調查犯人的身世、學歷、犯罪前科、家庭關係的機關，也會進行心理測驗和學力評量。

處遇調查

進入刑務所後，首先會進行面試和筆試，分辨犯人作業能力的調查。

直接移送的受刑人

不符合上述條件的受刑人不會經過分類中心，而是直接送進刑務所。這時會搭乘護送的巴士、列車或飛機，前往服刑的刑務所。

刑務所

前工匠師傅

對於會組裝作業、焊接作業、木工作業的刑務所來說，曾當過工匠師傅的受刑人會比較容易判定分配的地點。

刑務所FILE

擁有專才的受刑人
看守所也會優先保留

負責臨時羈押受刑人的看守所，會預先保留容易管理的受刑人。因此收容在看守所裡的受刑人，大多都很認真工作。

收容分類②

刑務所的作法是詳細分類

收容地點的分類不只依照犯罪傾向，還會因受刑人的性別、國籍、年齡、有無疾病而不同。

女性

女性不論犯罪傾向是否惡化，都一律收容於女子刑務所。日本每年平均有 2000 人入獄。

外國人

外國人在管理上很難與日本人一起收容，會分類到不同的收容地點。不過在日韓國人、在日朝鮮人會當成日本人對待；駐日美軍則有專用的收容所。

少年

不是送往少年院，而是適合收容於刑務所的少年，會送到少年刑務所。少年刑務所裡也收容未滿26歲的青年受刑人。

精神疾病患者

精神病患、智能障礙者、人格障礙者會收容在有專業醫療人員的刑務所。身障人士則是送往不同的收容地點。

入獄後的第一個考驗，就是連屁眼都檢查

相符身分 ▷	嫌疑人	嫌犯	被告	受刑人	其他

相符設施 ▷	拘留所	看守所	刑務所	其他

性格剛烈的受刑人也屈從刑務所的規章

受刑人進入刑務所後，最先接受的洗禮就是搜身，意即身體檢查。要在多名刑務官圍觀的狀況下脫到全裸，將玻璃棒捅進肛門裡，令人無法忍受。雖說這是為了防止受刑人藏匿危險物品，但大多數人都會因此心靈受挫。反過來看，重創受刑人的尊嚴，才能讓刑務官控制受刑人的心理。畢竟受刑人連屁眼都被人看光，實在無心反抗。

搜查程序之一的搜身，根據刑事訴訟法需有搜索票，但刑務所的搜身是交由刑務官判斷。受刑人平常出入工廠時，基於防範攜帶違法物品，平常也會搜身。

扣留調查也是進入刑務所時必經的過程之一，但是比搜身要溫和許多。會計部的職員會對照個人用的扣留品目錄帳簿，檢查所有攜帶品和衣物。順便一提，盥洗用品等看守所內使用的日用品也可以帶進刑務所繼續沿用。

新進受刑人收容於單人房，在裡面接受入獄調查。刑務官或警官會盤問受刑人的個人履歷、家庭關係、對被害人的想法、出獄後的生活規畫等問題。隨後受刑人搬進多人房，從事為期兩週的輕度勞役，接受獄中生活規範的指導。以上便是新人教育。

新人教育的具體內容是訓練一整日的作息，從摺棉被到早上的掃除、檢查、用餐須知、往來工廠的行進方式等，強迫學習刑務所裡所有規章。還有運動、性格測驗及其他各種評量，涵蓋非常豐富的內容。兩週後再根據觀察和評量結果分配勞役項目。

最初的考驗

入獄後要先全裸進行身體檢查

受刑人的第一道考驗就是搜身。這並不是單純的檢查，而是要脫到全裸，讓刑務官查遍身體的每個部位。

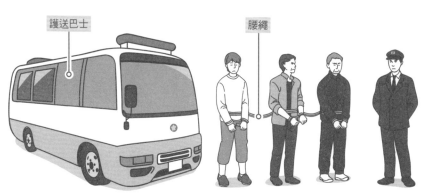

移送受刑人

受刑人會由護送巴士移送到刑務所。護送巴士是裝設紅色燈號、鳴笛、車窗上裝有格子柵欄的小型巴士。受刑人會上銬，手腕也會被固定。如果有多人乘車，則會人人綁上繩索並串連起來。

搜身

受刑人要全裸做身體檢查，由刑務官確認是否有刺青、手術疤痕、傷痕，是否藏匿多餘的物品。

刑務所 FILE

檢查項目深入至屁眼

玻璃棒

在身體檢查時，連肛門內也會檢查。將玻璃棒插進肛門內，檢查直腸內是否藏匿物品。

最初的考驗是在新人訓練工廠的嚴格訓練

對受刑人來說最先經歷的痛苦時間，就是在新人訓練工廠裡的指導，必須在這裡接受有如軍隊般嚴苛的訓練。

整隊的受刑人。

向右看齊！

刑務官

輔助指導
輔助刑務官的受刑人

軍隊般的步行訓練

會進行團體行動的訓練，教導整隊的方法、像軍隊一樣行進的方法等等。當刑務官發出「注意」的號令後，受刑人就要抬頭挺胸、腳跟併攏，提高注意力。當輔助指導的受刑人發出「一、二」的指令時，全體都要跟著喊並開始踏步。不論年齡和體力，只要受刑人稍有鬆懈，就會被刑務官警告，不論幾次都會強迫重來。

新人教育②

必須熟記到倒背如流的大量規章

剛入獄的受刑人必須學會掃除、用餐的規矩等獄中生活的所有規章。

入獄時的調查
由負責的刑務官或專業警官在單人房中面談，調查受刑人的履歷、家庭成員、犯罪的原由。

多人房的規則
受刑人會被教導盤點檢查、折棉被的方法、打掃方法、用餐須知、工廠舍房衣的穿法等生活相關的所有動作。

基礎體力的培養
會要求受刑人運動，藉此培養基礎體力。可以跑步、伏地挺身、仰臥起坐，各自任意運動。

勞役
經過一番說明後，在入獄當天也照樣要做勞役。但內容是任何人都做得到的輕度工作，像是折紙袋等。

男性受刑人一律剃光頭！
三種典型光頭造型

相符身分 ▷	嫌疑人	嫌犯	被告	受刑人	其他

相符設施 ▷	拘留所	看守所	刑務所	其他

與被告的自由身大不同！受刑人面對的嚴苛現實

不管是看守所還是刑務所，都不能帶錢進牢房。被告和受刑人身上的錢會作為扣留金，由看守所或刑務所的刑務官保管。如果訴訟判決是緩刑，被告就會當庭釋放，扣留金也會立即歸還。看守所的刑務官會根據過去的經驗，判斷出哪些案件可能會「判處緩刑」，所以和被告一同從看守所出發時，也會帶著扣留金到法院。

至於得到實刑判決的被告，就會改稱為「受刑人」，並從看守所轉移到刑務所；原本穿的私服也要換成囚服，男性受刑人要剃光頭。雖說是光頭，但又分為不同長度的三種髮型，分別是原型光頭、五分頭、中髮頭。

被告原本在看守所可以自由吃的零食、飲料和杯麵等食物，在確定刑罰的當下就會全部廢棄處置。因此很有可能被判刑的受刑人，會在控訴或上告的手續期間趕緊將自己的庫存吃光。

從看守所移送到刑務所時，需要再一次整理扣留品。現金會作為扣留金無息存入日本銀行，珠寶和戒指等扣留品則是保管在刑務所內的扣留保險櫃，或是會計部事務室裡的大型保險櫃。扣留的貴重物品只要有刑務所的許可，也可以轉交給家人或會客對象帶走。

順便一提，刑務所裡可扣留的物品總量是由各個刑務所自行規定，一旦超量，就會有購買物和慰勞品的限制。受刑人為了儘量撿少扣留品，會把不需要的物品送回家。

髮型

不僅是督促犯人反省,也考慮到衛生整潔

男受刑人在刑務所裡都必須理光頭,但長度各有不同。

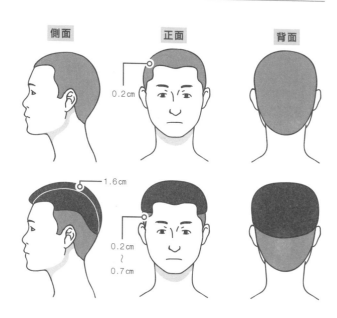

側面　　　　正面　　　　背面

原型光頭
原型光頭是將全部頭髮都剪成0.2公分長的髮型,也就是和尚頭,外表看上去其實很清爽。

0.2cm

1.6cm

五分頭
瀏海和頭頂的頭髮剪成1.6公分長,其他地方都和原型光頭一樣整齊剃成0.2~0.7公分長。

0.2cm
~
0.7cm

扣留品的整理
入獄前除了髮型以外,還需要整理貴重物品等值錢的東西。按規定,身上的錢須存入日本銀行,珠寶和手錶則作為特別扣留品保管在大型保險櫃內。

刑務所FILE

獲准假釋後
就可以剪成中髮頭

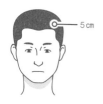

5cm

確定獲得假釋,或是刑期只剩下3個月的人,都可以剪成髮長約5公分的中髮頭。這是為了讓大眾知道這個人「有前科」,也是出於刑務所方的顧慮。

廣大的服刑空間裡有運動場，也會舉行運動會

相符身分 ▷ 嫌疑人　嫌犯　被告　**受刑人**　其他　　相符設施 ▷ 拘留所　看守所　**刑務所**　其他

受刑人和刑務官共同生活的雙重空間

影劇裡出現的刑務所場景，往往只會強調周圍高聳的混凝土牆，不過刑務所的範圍並不是只有圍牆內側而已。圍牆外的範圍包含了公園、森林等緩衝地帶，還有距離大門100公尺以內的官舍，大約50%的刑務官都住在那裡。

服刑的囚犯和管理的刑務官就在同一土地上起居，可說是日本刑務所的特徵。不只暴動等囚犯引發的問題，地震和颱風等天災也隨時可能發生。這是為因應突發狀況發生時，刑務官可快速趕來的防備措施，也是服務規章明定的義務。順便一提，官舍當中也有可免費住宿的房舍。

接著看看圍牆內。刑務所入口是廳舍大樓，為刑務官的執勤地點，是與外界唯一的聯繫。這裡有刑務所所長室、會議室、總務處、作業事務處、會客等候室等處室。通過鐵門後，依序有保安管理大樓、舍房、病房大樓、工廠、講堂、體育館、運動場等設施。這些位於圍牆內相當於刑務所的區域，稱作行刑區域。

保安管理大樓是大約七成刑務官的工作場所，包含監管受刑人生活大小事的處遇部、教育部等執務室。舍房是受刑人就寢的地方，由一人獨居的單人房和6人同居的多人房組成。

徒刑屬於自由刑（限制人身的刑罰）伴隨勞動義務的刑罰，刑務所內的工廠正是為了這個勞役而設置。受刑人使用的運動場也會舉行運動會、壘球比賽等休閒活動，雨天則在體育館運動。

建築

受刑人生活的刑務所全體圖

刑務所分成刑務官執勤的場所和受刑人所在的場所，我們接下來就來看全體風貌吧。

刑務所MAP

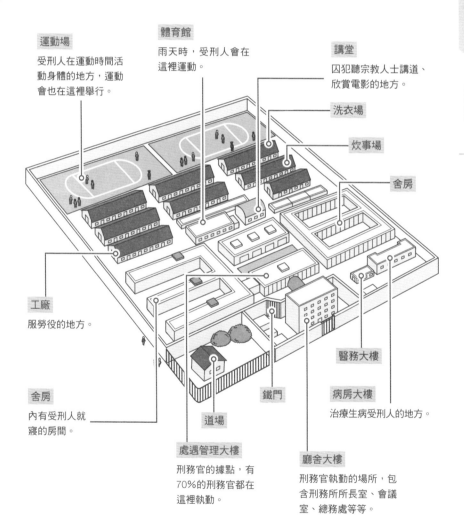

運動場
受刑人在運動時間活動身體的地方，運動會也在這裡舉行。

體育館
雨天時，受刑人會在這裡運動。

講堂
囚犯聽宗教人士講道、欣賞電影的地方。

洗衣場

炊事場

舍房

工廠
服勞役的地方。

醫務大樓

舍房
內有受刑人就寢的房間。

鐵門

道場

病房大樓
治療生病受刑人的地方。

處遇管理大樓
刑務官的據點，有70%的刑務官都在這裡執勤。

廳舍大樓
刑務官執勤的場所，包含刑務所所長室、會議室、總務處等等。

就算不是徒刑囚犯，只要申請就可以參加勞役

相符身分 ▷ 嫌疑人　嫌犯　被告　**受刑人**　其他　　　相符設施 ▷ 拘留所　看守所　**刑務所**　其他

⚖ 刑期從未滿1年到無期受刑人的實際狀況

日本刑罰分成拘留、禁錮、徒刑、罰金、科料、死刑五種。拘留是1天以上到30天內的短期服刑。根據刑法規定，拘留的刑罰比罰金輕，沒有勞役義務且刑期短，受刑人大多不會轉送刑務所，直接在看守所服完刑期。

禁錮是指無期或1個月以上、20年以下的長期拘禁，不具勞役義務但可以申請。但因為一直受到監視，服刑壓力很大，幾乎所有受刑人都希望從事勞役。

徒刑是拘禁加上勞役義務，刑期從不滿1年到無期徒刑，因罪狀而有很大的差異。勞役內容包含製造、炊事、洗衣等等。

罰金與科料，是繳納規定金錢的刑罰。科料面額從1000日圓以上到不滿1萬日圓，超過1萬日圓屬於罰金。若無力繳納，也可以在刑務所勞動來清算，這就稱作勞役場留置。期間為科料1天以上到30天以下、罰金1天以上到2年以下。受刑人會拘押在勞役場內，勞動以一天5000日圓～1萬日圓換算，不過大多不會選擇勞役而是繳錢了事。

日本最嚴重的刑罰是死刑，又稱極刑。死刑犯是在執行的那一刻才成為受刑人，在執行前都是未決犯。死刑犯通常不會移送刑務所，而是收容在有刑場的看守所，或是刑務所的看守所分所。

上述以外，還有已判刑且服刑中，卻又追究餘罪的受刑人。原則上會將受刑人移交看守所，但訴訟期間可以和律師會面。餘罪受刑人原則上住單人房，不過同樣仍有勞役的義務。

處遇

服刑中的處遇有五種

每個受刑人的處遇都不盡相同，大致可以分為5種。以下就來解釋其中的差異。

拘留

1天以上、未滿30天的短期受刑人。限制人身自由，沒有勞役的義務。

禁錮

受刑人收容於刑務所，只是單純拘禁，沒有勞役的義務。

徒刑

在刑務所裡從事炊事、洗衣、製造等勞役的刑罰。

罰金

需繳納1萬日圓以上的刑罰。無力繳納時，可在勞役場勞動1天以上、2年以下。

死刑

死刑犯不是受刑人，而是受到被告的待遇，需要在看守所內等候處決日。

41

廁所全部看光光！
充滿壓力的多人房生活

相符身分 ▷ 嫌疑人　嫌犯　被告　**受刑人**　其他　　　相符設施 ▷ 拘留所　看守所　**刑務所**　其他

外面也能看見廁所裡？
毫無隱私可言的受刑環境

收監於刑務所的受刑人度過日常生活的房間有兩種，分別是多人房和單人房。各位可以把多人房想像成醫院裡的大病房，單人房是單人病房，或許就很清楚了。

多人房的寬度大約是6坪，可容納6個人。不過在某些時期，可能會有8～9個受刑人擠在定員6人的房間裡。此即刑務所超額收容的問題，不過日本現在的狀況已經有所舒緩了。

住在多人房裡的徒刑犯，原則上平日白天要出去從事勞役，包含休息在內，一天要做工9個小時，但除此之外的時間一步也不得踏出房間。雖然房內設有廁所和洗臉台，但廁所從外面可以看得一清二楚，在還不習慣的時候會覺得心神不寧──總之，多人房就是個毫無隱私的地方。

正因為是犯罪才被收監，所以受刑人沒有抱怨的理由，但是在這樣的環境下依然會累積很多壓力。獄友起口角是家常便飯，還可能會發展成鬥毆。然而受刑人不能因此就離開房間，即使和同房獄友處得不好，也必須百般忍耐。如此漫長的生活會一直持續到刑期結束。因此，也有受刑人會虛張聲勢，以免被人輕視，策略是過分誇大自己在自由世界的權力和財富，也就是吹牛膨風。當然，事跡敗露時會造成反效果。多人房裡的每個人都過著充滿壓力的日子。有打鼾習慣的人會等到大家都熟睡後才入睡，避免火上澆油。為了迴避不必要的爭端，有時候受刑人必須付出令萬界難以想像的努力。

毫無私人空間的生活區域

多人房是6～8個人共享一個房間。連廁所裡也都看得一清二楚，毫無私人空間。

多人房的情況

約6坪大的空間裡可以容納6個人。所有人都在桌子上吃東西、寫信、閱讀，還設有一套圍棋和將棋。廁所是透明玻璃牆，裡面都可以看得一清二楚。

透明玻璃

洗手台

棉被

麻煩人物和同性戀者，特別收容於單人房

相符身分 ▷ 嫌疑人 嫌犯 被告 受刑人 **其他**

相符設施 ▷ 拘留所 看守所 刑務所 **其他**

雖然沒有人際壓力 鎮日獨處卻很孤單

單人房是一人獨居的房間，雖然空間只有1.5坪左右，但備有書桌、擺放私物的架子、洗臉台和廁所，不必顧慮其他人，但沒有說話對象，隨時都會被孤單和煩悶壓垮。儘管沒有人際關係的問題，但這也是為什麼很多受刑人不願意住單人房。

獨居者大多是團體中可能對其他受刑人造成不良影響，例如同性戀者、黑道幹部等；也會基於懲罰目的而收容於單人房，像是偵訊違規或要求反省等。這種懲罰又稱作關禁閉，被懲處者甚至不能聽收音機廣播或閱讀。有些受刑人為勤學苦讀而希望住進單人房，但未必能夠實現。

單人房中還有一種基於特殊用途的「保護室」，用來關押有逃亡之虞，或是有暴力、傷害、自殺、自殘傾向的受刑人。

單人房的生活分為三種。首先是夜間獨居，白天在工廠從事勞役，晚上回到單人房。對於想保有一定隱私、不適應團體但又不耐獨處的人或許較為適合。

接著是日夜獨居，不得在工廠勞役，只能在單人房裡做貼信封之類的輕度工作。不適合團體生活、受到懲處的人屬於這類。除運動、沐浴、會客以外的時間都在單人房裡度過，即使來到室外也以單獨行動為原則。

最後是嚴禁與他人有任何接觸的嚴格獨居者，可能煽動囚犯的老大級人物、鬥毆慣犯等保從安考量上必須隔離的人，都屬於這類。前兩者在沐浴時有機會見到其他人，但嚴格獨居者不行。

單人房	**沒有說話的對象很無聊！**

單人房是為了無法在收容多人的多人房裡生活的人而準備，裡面都是收容什麼樣的人呢？

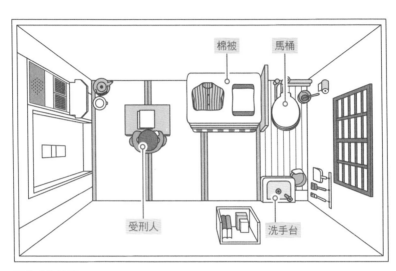

單人房的情景

約2坪大的房間裡備有洗臉台、廁所、茶几和置物架。

雖然沒有人際關係的煩惱，但十分孤單。

能住進單人房的身分

暴力人士

在團體生活中會不斷因為某些緣故而引發鬥毆、暴力行為的麻煩人物，把這種人關在單人房裡比較方便管理。

藥物成癮者

藥物成癮者一旦發生戒斷症狀，恐怕會危害到其他受刑人，關在單人房裡比較安全。

同性戀受刑人

要是把同性戀受刑人關進多人房，可能反而如他所願，在單人房裡贖罪比較適當。

未必一整天都在勞動？
受刑人的一日生活

管束8小時、實際勞動7小時 服刑過得比想像中充實？

受刑人的一天是從早上6點45分起床後開始。7點有開房點檢（點名），要迅速收好棉被、更衣跪坐，等刑務官到來。全體點名結束後就是早餐時間。完成盥洗後，7點40分離開舍房前往工廠，不允許遲到。進出工廠時一定要搜身，這時也會調查受刑人身上有沒有私刑的傷痕。

上午8點開始勞役，嚴禁私下交談，工作對話也需要經過守衛許可。上廁所或其他離開崗位時都要取得刑務官的許可。午餐從11點40分開始，在工廠的餐廳用餐。受刑人可以剩下討厭的食物，但禁止私自打包和收受。

下午繼續從事勞役，中間安排半小時的運動時間，受刑人可以打棒球、慢跑，活動筋骨。沐浴同樣是利用勞役時間的空檔，基本上每週2次，夏季3次，每次15分鐘，地點在每間工廠內可容納數十人的大浴場。勞動結束時間是下午4點40分，基本不加班。以前會要求受刑人列隊行軍回舍房，不過現在大多可以分散走回去。扣除運動和上、下午各15分鐘的休息，8小時的勞役時間實際只有約7小時在工作。

下午5點在舍房做閉房點檢，5點10分吃晚餐。之後就是自由時間，房內會播放預錄的廣播節目或背景音樂。晚上7點到8點可以看電視、與同房獄友聊天或是閱讀、寫信，也有人利用函授方式自習。有些刑務所允許受刑人小睡。晚上9點統一關燈，但房內不是一片漆黑，而是點亮一盞小螢光燈。

受刑人的一天

每天都不停重複相同的作息！

犯罪的受刑人要面對的是規律的生活，這裡就來介紹他們一天的時間規畫。

6點45分

起床
生活規律的刑務所早上是從6點45分開始。

7點

點檢
起床後10分鐘以內要折好棉被，開始點檢。

7點10分

早餐
在舍房裡吃早餐，之後整隊前往從事勞役的工廠。

8點

出房
開始從事勞役。中間可休息大約15分鐘，11點40分吃午餐。

11點40分

午餐
午餐到12點20分。在下班的16點40分以前，中間可以休息15分鐘。

16點40分

回房
工作結束後，再度整隊回到舍房。

17點10分

晚餐
在舍房裡點檢後，吃晚餐。

19點

睡前
可以閱讀書籍、看電視，也可以鋪好棉被躺下休息。

21點

就寢
電燈幾乎關閉，全員就寢。只留下足以讓刑務官巡視的燈光。

47

服刑勞役的薪資有多少？
超商店員的一日薪水都不到

相符身分 ▷	嫌疑人	嫌犯	被告	**受刑人**	其他

相符設施 ▷	拘留所	看守所	**刑務所**	其他

為了順利回歸社會
受刑人就得體驗勤勞！

勞役的目的是讓受刑人過著規律勤勞的生活，學習職業知識和一技之長。只要他們能夠透過工作認知到自己的職務和責任，回歸社會就會相對更容易。受刑人在入獄後1～2週內要接受考察訓練（新人教育），根據刑務所幹部的面試（分類審查）結果，決定他們從事的勞役項目。原則上是由刑務所指派，決定後就不得依照受刑人的意願更改。

勞役內容涵蓋許多領域，鮮少能按照受刑人的意願分配。種類可分成作為國家年收入的生產作業、刑務所營運相關的自營作業（炊事、洗衣、清掃等）、經過一定期間訓練以取得執照或證照的職業訓練這三種。

受刑人格外偏好的勞役是自營作業，例如負責公有書籍的出借和整理贈書的圖書工、計算工作獎金（受刑人薪資）的計算工都很受歡迎，但名額非常少。模範囚犯可以提出轉業申請，但從不曾批准；模範囚犯以外的受刑人提出轉業申請一律視為罷工，可能會被關進單人房罰禁閉。

有80%的受刑人都投入生產作業，從事木工、印刷、裁縫、金屬加工等各種生產工作。確定假釋的受刑人，基於準備回歸社會的意義，可以在刑務官的陪同下到外面的工廠通勤上班。

勞動時間是一天8小時，基本上不會加班。工作獎金平均月薪不滿4500日圓，換算成時薪是幾十日圓的超低薪。工作獎金原則上會在出獄時統一給付，平均大約可領到5萬日圓。

工作獎金	**受刑人可以賺取的薪資每月約4500日圓！**
	徒刑的受刑人必須從事任一工作，雖然金額十分微薄，但還是可以賺取工作獎金作為報酬。

各等級的標準額

等級	標準額（時薪）	滯等月數（範例）
1等工	39日圓00錢	—
2等工	30日圓80錢	8個月
3等工	24日圓80錢	7個月
4等工	20日圓80錢	6個月
5等工	20日圓40錢	5個月
6等工	14日圓70錢	4個月
7等工	11日圓40錢	3個月
8等工	9日圓10錢	2個月
9等工	6日圓80錢	1個月
10等工	5日圓50錢	1個月

你就從升上等個囉月

升等

等級上升稱作升等，會由刑務官告知。從10等工升到1等工，最快也需要花3年以上。

升等的方法

認真工作

升等基本上會論資排輩。只要認真做好勞役，就可以升等。

能力值得信賴

技能和工作績效出色的受刑人，只要做滿基本滯等月數的三分之一就可以升等。

勞役

服刑期在刑務所裡工作贖罪

判處徒刑的受刑人,大多數都會在刑務所裡工作。接下來我們就來看看受刑人的工作內容吧。

工廠工作

徒刑囚犯大多數都會在工廠裡從事勞役。工作內容因刑務所而異,不過刑務所裡都會附設木工、印刷、裁縫、金屬加工等工廠。

圖書工

負責在刑務所裡的圖書館處理借書給收容者的工作,也需要整理排列書籍。

官方計算工

計算收容者的工作獎金、從事經理相關的工作。

收監的過程

新人研修

基礎知識

衛生人員

回收受刑人的待洗衣物、清掃浴室等工作，由於需要巡遍刑務所裡的舍房和工廠，因此也有人對獄中的消息十分靈通。

炊事人員

負責料理受刑人的餐點，所以一天的行程會比其他受刑人更早開始。週末和國定假日也必須採輪班值勤，但相對地平日可以補假。

外部作業

有些人會從刑務所通勤到外面的事業單位上班或接受職業訓練，這是為假釋犯提供的教育的一環。

刑務所 FILE

可以購買受刑人生產商品的更生展覽

日本全國各地都會舉辦由刑務所生產製作的勞役產品展售會，也可以透過網路平台購買。

可考取證照的科目約有100種！刑務所的職業訓練

相符身分 ▷	嫌疑人	嫌犯	被告	**受刑人**	其他

相符設施 ▷	拘留所	看守所	**刑務所**	其他

公費補助的免費訓練 報名門檻自然也很高

為了幫助受刑人出獄後回歸社會，只要他們有意願，就可以在刑務所裡接受職業訓練。可以參加講習取得執照或證照，也可學習該職業所需的知識和技能。

標準訓練期間為一年，有焊接科、建設機械操作科、資訊處理科、文書事務科、烘焙點心製作科、理容科、美容科、看護服務科等等，訓練項目多達100種。

職業訓練的方法分為「綜合訓練」、「集合訓練」、「自主訓練」這三種。綜合訓練是招收各地受刑人的高專業度職業訓練，全日本有8座刑務所被指定為綜合訓練設施。集合訓練是由每個矯正管區（全國劃分為8個管轄區域）所管轄的刑務所挑選

受刑人，在集合訓練設施內實施的訓練。由各刑務所自行規劃執行，雖然所有訓練都是免費，可是在全國7萬名受刑人當中，卻只有1500左右的訓練名額，這是因為報名標準也非常嚴格。

標準如下：①刑期還有一年以上；②具備國中畢業以上的學歷；③品行良好，有完成訓練的意願；④具備該職業及訓練的適性。除了這四個條件，最後還要根據智力和學力決定。刑期較短者也可以選擇函授教學取得證照和技能，但需要自費。

職業訓練的制度目的是幫助受刑人更生，但依然有無法解決的問題。即使受刑人出獄後有意就職，但只要出示結業證書就會曝露前科。有很多受刑人認為就算取得證照也無法回歸社會，打從一開始就放棄參加講習。

職業訓練

可以在刑務所內取得證照

有意願的受刑人,可以接受職業訓練、取得證照。可取得的證照多達100種。

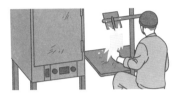

焊接

使用瓦斯焊槍的瓦斯焊接、利用電弧放電現象的電弧焊接等技術,都可以取得結業證書。

堆高機

可以參加教授堆高機操作知識和技巧的講習,取得結業證書。

看護

雖然無法取得看護師的執照,但可以參加取得執照必備的實務研修。

汽車維修

學習汽車的構造、檢查汽車必備的技能。也可以取得汽車維修人員的證照。

接受職業訓練的理由

職業訓練期間可以免除勞役,因此很多希望參加職業訓練的受刑人,其實是想逃避勞動更勝於取得證照。

即使取得證照也無法用於現實社會⋯⋯

很多人出獄後都不想暴露自己的前科,而結業證書很可能會暴露自己的過去。所以很多受刑人即使在刑務所裡取得證照,也會選擇和證照無關的職業。

日本刑務所年度預算，大約為每位受刑人50萬

相符身分 ▷	嫌疑人	嫌犯	被告	受刑人	其他

相符設施 ▷	拘留所	看守所	刑務所	其他

利用勞役帶來的收益籌措受刑人的經費

受刑人勞役賺取的獎金每月約有4500日圓，只有一般勞工平均薪資的1.5%，因此出現不少基於人權觀點的批判聲浪。

日本刑務所的營運原則是自給自足，基本概念是讓受刑人從事勞役賺取收益，以此籌措食衣住相關的經費。2017年，日本國庫在勞役方面的收益為39億日圓，給付受刑人的工作獎金成本大約是24億日圓。雖然有15億日圓的盈餘，但刑務所的成本並不是只有工作獎金，如果加上受刑人的生活支出，這種程度的收益一下就會轉盈為虧了。

至於刑務所的維護費用和刑務官的薪資，都是由稅金支付。

日本法務省撥給刑務所的預算依性質可分為矯正官署費、矯正收容費、刑務所作業費。矯正官署費包含職員的人事費、保全設備的機材維修費和保固費等。矯正收容費是收容受刑人直接需要的經費，包含餐費、服裝費、獎金、燃料費（炊事和洗澡等）、水電費和旅費（護送費用）。刑務所作業費包含勞役使用的機械器具購買費。全部加起來，估計每一位受刑人平均每年大約需要300萬日圓，若增加獎金就只能提高預算，而預算來源當然是稅金，實在讓國民很難接受吧。

平均每位受刑人使用的預算為每年約50萬日圓，實際上相當克難，而且嚴禁挪用。餐費、服裝費、旅費、獎金一定會不夠或是剛好用盡，只好設法將收容雜費的其他預算，適度分配給水電費、消耗品費、醫療費。

收容一位受刑人需要花多少錢呢？

受刑人的費用

刑務所的營運需要大量稅金。接下來我們就來看照顧一位受刑人需要花費的預算明細。

受刑人平均一天的花費

餐費（約420日圓）
早、中、晚三餐的費用，平均一餐的費用需要約140日圓。

水電費（約90日圓）
獄中洗澡的次數比一般社會要少，冷暖氣也幾乎不開啟，才可以把費用壓得非常低。

服裝費（約40日圓）
受刑人的服裝只有舍房服、睡衣、勞役工作服加上內衣褲，平均一天大約花40日圓，一年也就14600日圓左右。

醫療費（110日圓）
現在平均一天是110日圓，不過隨著受刑人高齡化的趨勢，今後很有可能增加。

交通費（60日圓）
包含移送受刑人的護送巴士、飛機、列車等運費的金額，基本上受刑人不能離開刑務所，所以非常低廉。

每年約50萬日圓 　　每年約300萬日圓

平均每位受刑人的支出是每年約50萬日圓，但其中並不包含矯正機關支出的管理費和雜費；如果再加進去的話，大約是300萬日圓。

受刑人有等級之分，等級愈高愈自由

相符身分 ▷ 嫌疑人　嫌犯　被告　受刑人　**其他**　　　相符設施 ▷ 拘留所　看守所　刑務所　**其他**

一級和四級的待遇有著天壤之別！

日本的刑務所和看守所施，以前都統稱監獄。規範監獄的營運管理和收容者待遇的監獄法是在1908年實施，於2007年廢除。累進處遇制度就是象徵舊監獄法的制度，受刑人只要努力更生並獲得肯定，就可以在四階段的等級中升級，待遇也隨之改變。

等級評估項目有生活態度、更生意志強弱、從事勞役的心態和成果，以及共同生活的協調性等等。隨著等級上升，可購買的物品和會客次數、寄信次數都會增加。還有免除搜身檢查、獲准團體散步（無手銬的社會觀摩）、放寬勞役獎金（工作獎金）的使用限制等等，享有較多自由。

一旦受罰就可能降級，不過只要升到一級，房舍就不用從外上鎖，房內能擺設鮮花或畫框。一級可享有每個月兩次的電影觀賞會，二級每個月一次，三級是兩個月一次，四級沒有資格參加。

累進處遇制的定位是回歸社會的準備期，但是刑務所傾向統一維持獄中秩序，更勝於受刑人的個別待遇，所以累進處遇制也隨著監獄法一併廢除了。取而代之的是刑事收容設施法，採放寬限制和優待措施。

放寬限制是將受刑人的生活和行動限制分為四級，按照目的達成程度依序放寬，好讓受刑人培養自發和自律。優待措施是每隔一段期間評鑑受刑人的態度，依結果採不同的待遇。這裡又分為五個階段，等級愈高，優待措施（會客與寄信次數、自費物的使用範圍等）就能更加擴大。

累進處遇

放寬自由限制的管理系統

過去的日本刑務所採取累進處遇的優待制度，分為1級到4級，1級的待遇最好。

電影觀賞

累進級為1級的人，觀賞電影的時間大約是每個月2次。2級為每月1次，3級為兩個月1次，4級則不能看電影。

圖書館的使用

過去只有累進級1級者可以使用圖書館。不過現在十分尊重受刑人的人權，有意者皆可使用圖書館。

夜間獨居

累進級為1級和2級的人，白天從事勞役，晚上則獲准住進單人房。

持有照片

以前累進級為3級和4級的人不得持有照片。現在則是只要通過檢查，即可持有私人照片。

裝飾書畫

累進級為1級的人可獲得的待遇，還有在舍房裡裝飾書畫。

刑務所收容人數超過限額，
都是因為愈來愈長壽？

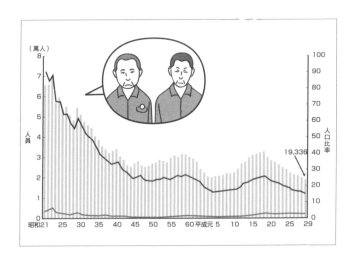

15年間的收容人數增加約3萬人！

　　根據日本法務省的統計，日本刑務所和看守所的收容人員，自1993年開始到2007年，人數有年年增加的傾向。過去男女合計的收容人數變動大約是5萬人，之後隨著時間逐漸增加到6萬人、7萬人，最後終於突破8萬人。剛好就在那段時期發生了刑務所超額收容的問題。收容率超過100%，出現可容納6人的多人房裡設置了雙層床、收容8～9人的情形。倘若是戰後的混亂期還情有可原，但是在平成時代壞人卻變多，這個情景實在令人難以想像。其實，真正的原因出在同樣的罪行，求處更高的刑罰，導致量刑增加。某種意義上，這個現象可以反映日本法律的重刑化傾向，不過也有其他論點認為，是因為日本人的壽命延長，才導致求刑跟著增加……。

實錄！
刑務所的
真實事件簿

在充斥著罪犯的刑務所裡，當然不可能沒有發生過問題。除了經常發生的爭吵糾紛以外，以往還發生過蔚為傳奇的暴動事件、受刑人自殺等形形色色的事件和意外事故。這裡就來介紹幾個實際案例。

事件1　天婦羅沾醬事件

1963年8月13日＠府中刑務所

暴動

用餐時，受刑人因為天婦羅沾醬裡到底要不要放蘿蔔泥，彼此大打出手，進而引發大規模暴動的傳奇事件。蘿蔔泥只是個導火線，可見受刑人平常累積了非常大的壓力。

事件2　洗衣工廠火災意外

1971年2月24日＠川越少年刑務所浦和分所

火災

焊接發出的火花點燃塵埃，加上強風助燃導致整間洗衣工廠燒燬的火災意外。幸好當時無人使用洗衣工廠，沒有造成任何傷亡。除此之外，刑務所也時常發生因為疏忽釀成的火災。

事件3 偷喝假酒致死

1990年3月15日＠水戶少年刑務所

受刑人趁刑務官不注意時偷喝工廠內甲醇的事件。當事人可能是不清楚屬於劇藥的甲醇和普通的乙醇（酒精）不同，抑或是有意自殺，因此在偷喝後死亡。

事件4 舍房內搶電視事件

1988年11月4日＠網走刑務所

在房內看電視時，一名受刑人未經他人同意便直接轉台，導致另一名受刑人火冒三丈。雙方爭執不休，最後發展成傷害事件。令人好奇他們不惜受傷也要看的節目到底是什麼……。

事件5 原子筆刺傷事件

1979年7月14日＠八王子醫療刑務所

遭到對方威脅「殺了你」的受刑人，為了保護自己而拿起原子筆自衛，結果犯下將筆插入對方頭部的傷害事件。所幸最後被害的男性沒有大礙。

事件6　跳煙囪自殺

1976年2月13日＠府中刑務所

自殺

　　生無可戀的前黑道成員趁刑務官不注意時，爬上炊事場的煙囪、投身死亡的事件。雖然在煙囪下有數名同組的大哥嘗試勸說當事人，但他仍執意跳下。

事件7　舍房內鼾聲爭執事件

1973年2月17日＠甲府刑務所

打死

　　在多人房的團體生活中，因鼾聲而爭吵是家常便飯。不過在甲府刑務所裡，曾經發生有人因為這種小爭執而死的悲慘事件。雙方爭吵到最後，打鼾的被害者遭到毆打致死。

事件8　放屁暴力事件

事件8　1986年9月2日@札幌刑務所

傷害

被害人在多人房裡放屁後，事態發展成打架互毆事件。被打的被害人摔倒後，加害人又繼續踹打施暴，導致被害人骨折重傷。

事件9　慰勞品逃獄事件

1968年4月7日@地點不詳

逃獄

受刑人使用弟弟贈予的慰勞品逃出刑務所的事件。逃獄工具是一本雜誌，在檢查時沒有問題，但實際上封底藏了一把金屬鋸，受刑人用來鋸斷柵欄後逃逸。

事件10　淨化槽瓦斯中毒死亡事件

1965年7月18日@地點不詳

職災
致死

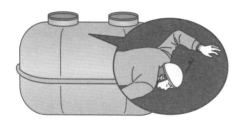

負責清掃的受刑人進入淨化槽時，因為槽中布滿瓦斯而昏厥死亡的意外。除此之外，在勞役中因發生意外而死的受刑人並不在少數。

事件 11
職員殺害事件

1972 年 7 月 31 日
@大阪看守所

職員殺害

　臨近出獄而感到不安的黑道成員，因精神錯亂而殺害職員的事件。

事件 12
死刑執行前自殺

1975 年 10 月 3 日
@福岡刑務所福岡地方分所

自殺

　被告使用收容前偷偷攜帶入獄的剃刀，在死刑執行前自殺的事件。

事件 13　大學入學試卷事件

1968 年 1 月 2 日＠大阪看守所

外部入侵

　已出獄的前受刑人闖入刑務所裡印刷大學入學試卷的印刷廠，帶走大學入學試卷的事件。犯罪集團的主謀後來遇害被殺，但是並沒有發現殺人的兇手。

2章

生 活 的 規 範

進入刑務所以後，受刑人會過著受到各種規範束縛的生活。不熟悉的團體生活、吃不飽的正餐、完全服從刑務官，他們要面臨的是彷彿會永遠持續下去的殘酷時光。這一章就來解說在圍牆內無人知曉的受刑人生活風貌。

不准隨便說話！
受刑人的禁止事項

| 相符身分 ▷ | 初犯者 | 累犯者 | 外國籍受刑人 | 刑務官 | 其他 |

| 相符設施 ▷ | 單人房 | 多人房 | 工廠 | 其他 |

一旦忤逆刑務官就會受到懲罰

刑務所裡的受刑人過的生活，實質上都受到刑務官的掌控。反抗刑務官的行為在日本稱作「擔當抗辯」，毫無疑問是需要處罰的行為。如果犯下這種行為，就要在禁閉室裡關10～15天。

擔當抗辯是指向刑務官頂嘴和表現出反抗的態度，如果受刑人對刑務官動手動腳，就稱作「職員暴力」，會遭受非常嚴重的處罰。受刑人會被關進比禁閉室更嚴格的保護室內，手腳上銬、關押2～3天。如果刑務官受了傷，受刑人自然會被追究刑事責任。

即使是微不足道的言行也可能被視為擔當抗辯，所以老實服從刑務官是刑務所生活的鐵律。

其他受刑人需要遵守的規範、違規就會受罰的行為，還包含了下列這幾種：不遵守並無視刑務官指示的「指示違反」；未經刑務官許可就離開崗位的「無斷離席」；未經刑務官同意而與其他受刑人談話的「不正交談」；受刑人之間有物品和飲食上交流的「不正授受」；在勞役工廠中製作規定物品以外之物的「不正製作」；使用自來水自行洗衣服的「不正洗滌」；在規定的場所、時間以外運動的「不正運動」；對其他受刑人施暴的「暴力行為」。

另外，還有拒絕在工廠從事勞役的「作業拒否／出役拒否」，但這個行為的處罰是轉移到別的工廠勞動，很多受刑人會為了逃到其他工廠而自主犯錯受罰。

違反這些規定的人，不只是會關禁閉，勞役工作所得的獎金還會遭到扣除。

處罰

有很多詳細規範的獄中生活

在刑務所裡只要稍微反抗一下刑務官，就需要受罰。不論刑務官的要求再怎麼無理，受刑人都必須服從。

職員暴力

對刑務官施暴是絕對禁止的行為。如果刑務官受了傷，就等於犯了傷害罪，會遭受更嚴重的處罰。

指示違反

有些受刑人會用反抗的態度對待刑務官，像是無視刑務官指示、稍微出口抱怨，都需要受罰。

不正洗滌

擅自在牢房的洗手台清洗毛巾和衣服，都需要受罰。夏天的衣服和帽子都會發臭，因此很多受刑人都會偷偷清洗。

不正授受

借衛生紙等借貸行為、轉贈食物，雙方都要連帶受罰。用餐時即使有討厭的食物或吃剩的食物，也不得轉贈他人。

新進菜鳥、個性陰沉、愛撒謊，容易遭到霸凌的類型

相符身分 ▷	初犯者	累犯者	外國籍受刑人	刑務官	其他

相符設施 ▷	單人房	多人房	工廠	其他

一天24小時都得和同房獄友一起度過

日常生活中的人際關係相當重要，不論是在一般社會還是刑務所裡都一樣。尤其是在和多位受刑人一起度日的多人房裡，更需要顧慮人際關係。

尤其在多人房裡一同生活的獄友，不只是要一起從事勞役，休閒時間也要一起度過。如果多人房裡的人際關係不睦，就必須在僵化的氣氛中度過刑務所裡的所有時光。

假如在多人房裡成為霸凌目標的話，當然就無處可逃了。尤其是新人大多會成為霸凌的對象，宛如入獄的必經之路。除了新人以外，個性陰沉又開不起玩笑的人、愛說謊吹噓的人、同性戀者、性犯罪者（特別是虐童的

罪犯）、不愛乾淨的人，都很容易成為霸凌的目標。霸凌並不僅止於暴力，還有被迫吃糞便、強制猥褻等惡質行為。

除此之外，很多受刑人為了避免遭到輕視，會對同房獄友虛張聲勢。基本上只要雙方互不熟識，就是由受刑人自行揭露自己的身分來歷。雖然刑務官都知道受刑人的罪狀，但嚴禁傳播受刑人的個人資訊，所以受刑人的謊言並不會被刑務官揭穿。

因此，受刑人為了壯大自己的聲勢，會將自己的罪狀描述得驚天動地、替自己的經歷加油添醋，大肆撒謊吹牛。

而且需要注意的是，如果多人房裡出了事，基本上是採取連帶責任。例如某人違規而被禁止看電視，那麼多人房裡的所有成員都不能看電視。

人際關係

刑務所裡容易遭受霸凌的人

刑務所裡霸凌和私刑事件是家常便飯。以下就來介紹容易成為霸凌目標的人。

我以前可是黑道組長，都是搭進口車趴趴走…

哦……

愛自我吹噓的人

在霸凌事件頻傳的刑務所裡，很多人都會說謊保身，像是吹噓自己是有錢人、謊稱是黑道幹部，但也有人因為身分曝光而遭到私刑處置。

個性陰沉的老實人

不善於和別人溝通交流、開不起玩笑的人，很容易成為霸凌的目標。

新人少在那邊得寸進尺！

新人

剛入獄的新人一定會遭到霸凌。這可以算是刑務所裡的傳統慣例，前輩惡意踩踏正在睡覺的新人也是很常見的行為。

受刑人的申訴和請求，都要寫在願箋上提交

相符身分 ▷ 初犯者　累犯者　**外國籍受刑人**　刑務官　**其他**　　　相符設施 ▷ 單人房　多人房　工廠　**其他**

有任何異議一律透過願箋申訴

日本刑務所裡的受刑人權利受到很大的限制，因此如果想提出任何請求，就必須一一詢問負責人。每次提出請求，都要使用名為「願箋」的申請單。這是提交給刑務官的專門用紙。

類似像「想從工作獎金中提撥1萬日圓寄給家人」、「想寫信給朋友」這類對外聯繫的請求，受刑人要在願箋上寫下自己的姓名、所屬單位，以及請求內容後再提交。

然而即使是「我忘了自家地址，希望有人告訴我」、「膝蓋痛到不能跪坐，希望點檢時可以盤腿坐」這種口頭報告就能解決的請求，也必須填寫願箋。

願箋在受刑人有異議需要申訴時也會用上。當受刑人在刑務所裡受到不合理待遇時，可以向刑務所所長、法務大臣、刑事設施視察委員提出異議。日本的這個制度稱作「不服申立制度」，只要申訴通過，刑務所就會採取改正措施。

關於異議的申訴，像是「未違規卻遭到懲處」、「沒有合理的解釋就取消進級資格」等重大的內容，以及「衣服沒曬乾」、「在運動場穿的涼鞋太大」這類芝麻小事，通通都可以申訴。

話說回來，有些受刑人不太會寫字，不過獄中禁止由其他受刑人代筆，只可以委託刑務官代筆。但是，代筆的請求也必須填寫願箋提出。明明就是不會寫字才要委託代筆，卻還必須親自寫下這個請求，這個難度對於不擅長寫字的受刑人來說非常高。

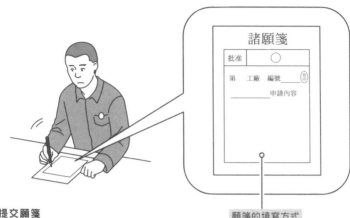

願箋

有問題時可以填寫願箋提交給刑務官

受刑人有想做的事或想要的東西時，可以填寫願箋提交給刑務官申請。

諸願箋

批准	◯

第　工廠　編號_____
_____申請內容

提交願箋

受刑人想寫信，或是在獄中受到不合理待遇而需要陳情，都可以填寫願箋提出申訴。

願箋的填寫方式

想寫信時，就寫上「希望聯絡友人，請讓我寄信」等理由並提交。

將願箋交給刑務官

填好願箋後就交給刑務官。願箋會轉送給多位負責人或負責的刑務官，需要一段時間才會受理。

不服申立制度

受刑人就算只是有一點異議，也可以填寫願箋向刑務官申訴。大多都是「牢房裡有蟲」、「腰痛」這類日常怨言，讓刑務官整天疲於處理。

睡衣統一都是灰色條紋！
受刑人的服裝打扮

相符身分 ▷ | 初犯者 | 累犯者 | **外國籍受刑人** | 刑務官 | 其他

相符設施 ▷ | 單人房 | 多人房 | 工廠 | 其他

⛓ 基本上，刑務所穿著的都是國家出借的衣物

在被刑務所稱作自由世界的一般社會，人人都可以穿自己想穿的衣服，但是在刑務所裡可不行。順便一提，拘留所和看守所內可穿著的服裝都是便服，只是出於防範自殺的目的，會限制穿著的衣服種類。

在所有矯正設施的穿著限制當中，規範最多的是刑務所。日本刑務所裡可以穿的只有向國家借來的衣服，受刑人的衣服包含平常穿著的「舍房衣」、在勞役工廠穿著的「工廠衣」、睡覺時穿的「睡衣」。

提到囚服，或許很多人會想到老漫畫和動畫裡出現的黑白條紋衣服，但實際上舍房衣和工廠衣都沒有條紋。舍房衣是灰白混紡，工廠衣是黃綠色。唯一有條紋的是睡衣，但並不是橫紋，而是灰底配黑色直紋。

舍房衣是全年穿著，上衣和長褲各提供一件。除此之外，還會提供3條內褲、1件圓領衫、3雙襪子、1雙涼鞋、作為夏季舍房衣的短袖上衣和短褲、2套冬用的兩件式厚內衣褲、1件前扣式背心。

這裡介紹的衣服都是國家出借的衣服，並不屬於受刑人個人所有。不過，受刑人還是可以自費購買或收受某些衣服，許可的類型有圓領衫、內褲、襪子、運動背心、運動鞋、厚實的上下兩件式內衣褲——依然和國家出借的項目一模一樣。另外像是眼鏡可以攜帶入獄前使用的自有品或購買新品，但不得使用設計浮誇的鏡框。

服裝

囚服的基本款式有三種

囚服分為牢房裡穿著的舍房衣、工廠穿的勞役用工廠衣，以及就寢時穿的睡衣。

名牌

舍房衣上貼有寫著稱呼編號和姓名的布章。工廠衣則規定要在胸前口袋上別著名牌胸章。

11
田中

舍房衣

灰色長袖上衣和長褲。夏季時上半身會換成短袖，下半身換成短褲；冬季會在裡面穿著較薄的長袖衣褲，也會穿著較厚的針織內襯褲。襪子為黑色。

工廠衣

黃綠色的長袖和長褲。夏季上半身會換成短袖，冬季和舍房衣一樣會穿多層長袖上衣和長褲、內襯褲、前扣式背心（馬甲）。

睡衣

灰底直條紋的長袖上衣和長褲。質地非常輕薄，所以冬天會加穿內襯褲來禦寒。

刑務所FILE

日本以前的監獄舍房衣其實是紅色

舍房衣和工廠衣的顏色經常變更。明治時代的兩種衣服都是紅色，後來舍房衣改成藍色和灰色，工廠衣則是近年才改成黃綠色。

受刑人只能吃「臭飯」？
刑務所的飲食內容

相符身分 ▷ 初犯者 累犯者 外國籍受刑人 刑務官 其他　　相符設施 ▷ 單人房 多人房 工廠 其他

⚥ 受刑人最喜歡偏甜的配菜搭配米飯

日語中所謂的「臭飯」，是用來指稱刑務所的飯菜；而「吃臭飯」這句話，意思其實就是「去坐牢」。這是因為受刑人的牢房裡附設廁所，吃飯時廁所就在旁邊，所以才稱作「臭飯」。

另外還有一個說法，是日本在二戰剛結束時因為預算關係，只能買到舊米，所以才會煮成「臭飯」。不過，現代日本刑務所的飯菜已經不臭了，反而是簡樸又兼顧健康。

主食的米飯，是麥子和白米以3：7的比例混合煮成的麥飯。添加麥子的理由是便宜又有飽足感，而且麥飯還能減緩血糖的上升速度，也有整腸通便效果，是很出色的健康食品。

配菜方面有炸豬排、黑輪等主菜一道，沙拉、醬菜等副菜三道，再加上湯品。

正餐的預算是每位受刑人平均一天大約420日圓，雖然稱不上豪華，但品項充足，對有些受刑人來說或許比在自由世界吃得更豐盛。

不過，飲食狀況仍然會因收監的刑務所而異，認為刑務所飯菜難吃的意見也有不少。畢竟調味相當清淡，能運用的調味料也有限，所以不管吃什麼都像是在吃相同調味的食物。此外，冷掉的飯菜也是讓受刑人覺得難吃的一大原因。

此外，主食除了麥飯以外，也會提供麵包，很受受刑人歡迎。因為在吃麵包的日子，還會供應在獄中稱作「甜飯」的年糕紅豆湯等香甜的甜點。

飲食①

刑務所的飲食日常

受刑人吃的飯菜調味清淡，一點也不好吃，但卻可以攝取均衡的營養，十分健康。

刑務所的正餐

刑務所的正餐分成早中晚三次，早餐在7點10分，午餐在11點40分，晚餐在下午5點10分，各有半小時的吃飯時間。假日的晚餐會提早到下午4點，導致受刑人在睡前就已經餓了。平日的早餐和晚餐是在舍房裡吃，午餐則是在工廠的餐廳裡吃。假日三餐都是在舍房裡進食。

飯菜基本上是冷的

刑務所的食物永遠都是冷的。特別是午餐，會在吃飯前1小時就送到，所以早就冷了，導致冬天吃飯也無法讓身體暖和。

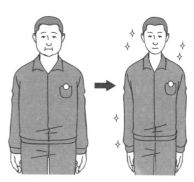

健康又營養均衡的菜色

雖然飯菜口味清淡又不吸引人，但可以攝取到均衡的營養，所以很多受刑人都健健康康地出獄。

健康的早中晚牢飯

主食基本上是麥飯,午餐大多會提供炸物、麵食等分量充足的餐點。晚餐大多是日式的健康菜色。

醬菜　罐頭

早餐

早餐會提供麥飯和味噌湯,配菜有秋刀魚罐頭或鰹魚罐頭、黃蘿蔔乾或甜鹹滷菜等等。重口味的配菜很受受刑人歡迎。

水果　漢堡排

午餐

午餐會提供漢堡排、炸豬排咖哩、拉麵、炸雞排等分量十足的餐點。湯品則是玉米湯或蛋花湯,種類十分豐富。

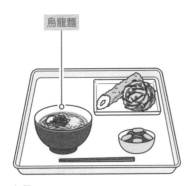

烏龍麵

晚餐

晚餐的主食是麥飯,也可能提供烏龍麵或蕎麥麵。另外還有烤魚、馬鈴薯燉肉、沙拉等健康的菜色。

刑務所FILE

日本牢飯的詞源是麥飯?

以前的日本刑務所提供的麥飯比例不是7比3,而是6比4。據說日本刑務所開始把牢飯稱作「ムショ(Musho)」,可能就是源自「6(Mu):4(Shi)」的諧音。

飲食③

受刑人最期待的熱門餐點

吃飯是刑務所裡唯一的樂趣,這麼說一點也不誇張。這裡就來介紹其中特別受歡迎的餐點。

長條麵包

麵包日的甜飯

每週會有1、2天的午餐會提供麵包作為主食。受刑人會將長條麵包配上紅豆泥、果醬、紅豆湯的甜豆等甜食一起享用。

特餐

假日會在正餐以外免費發送點心零食,這就稱作「特餐」,可以吃到餅乾、巧克力磚、花林糖等等。

每週1次的餐點

每週會提供1~2次拉麵、咖哩飯。拉麵是學校營養午餐會提供的軟麵條。

刑務所 FILE

**每個月分發的菜單表
也是獄中生活一大樂趣**

有些刑務所每個月都會發一整個月的菜單表,受刑人大多會討論其中的菜色。

上廁所限制一人5分鐘！
刑務所如廁的嚴格規定

相符身分 ▷ | 初犯者 | 累犯者 | **外國籍受刑人** | 刑務官 | 其他

相符設施 ▷ | 單人房 | 多人房 | 工廠 | 其他

工作時擅自離開崗位 即使去廁所也會遭處罰

老舊的刑務所一般會設置蹲式馬桶，而新刑務所都已經改良為坐式馬桶。由於是抽水馬桶，所以臭味不會悶在室內。雖然廁所很舒適，但在刑務所生活中要上廁所，需要遵守各式各樣的規矩。

如果正在做勞役，嚴禁自行前去上廁所。未經刑務官許可便離開工作崗位，屬於「無斷離席」，需要接受懲處。

想上廁所時，要把手舉高並且對刑務官說：「我有請求！」當刑務官回答「說」以後，才能提出「請求小解」，獲准後就可以去上廁所。

或許有些人不熟悉「小解」這個詞，日本刑務所裡不會使用「廁所」、「洗手間」這些說法，一般都是說「我去小解」、「請求小解」。

多人房和單人房裡都附設廁所，和做勞役的時段不同，比較可以隨意上廁所。

不過，在房內上廁所有些不得不注意的重點。例如早餐後到出發勞役之間，大約有半小時的空檔，受刑人會趁機上廁所。多人房裡有6～8名受刑人，所以平均每人最多只能上5分鐘。

因此趁這段空檔，受刑人會做好快速上廁所的準備。在廁所前脫掉長褲、下半身只剩內褲，手上拿著衛生紙。等前面的人走出廁所後，就可以直接向刑務官打聲招呼並進廁所迅速解決。

另外還有個不成文的規定，就是不能站著小便。這單純是因為站著小便的聲音太響亮擾人，必須坐著才能降低音量。

廁所

進廁所的方式也有固定規範

在一般社會中，廁所是能讓人安心下來的地方，但刑務所的廁所有規則和限制，必須非常匆忙地上廁所。

多人房

在6～8人共同生活的多人房裡，受刑人會為了儘快上完廁所，而在手上拿著衛生紙，脫掉長褲、只穿著一件內褲在門外排隊。當前面的人出來後，就馬上對刑務官說「請求小解」然後快步衝進廁所裡。

勞役時

在從事勞役時如果想上廁所，隨便離開會受到處罰。一定要舉手向刑務官說「請求小解」，獲准後才能從座位上站起來。

單人房

單人房裡的馬桶沒有隔間，會散發出臭味。必須在瀰漫惡臭的房裡吃飯，對於剛入獄的人來說簡直是一場修行。

洗澡限定每週2～3次，但伙夫可以每天洗澡

相符身分 ▷ | 初犯者 | 累犯者 | 外國籍受刑人 | 刑務官 | **其他** |

相符設施 ▷ | 單人房 | 多人房 | 工廠 | **其他** |

就連洗澡先後順序也有全套的規範

在自由世界裡，不論是什麼季節，每天都洗澡的人應該屬於多數；但是在刑務所裡卻只能在固定的日子裡洗澡。

可以洗澡的次數是春、秋、冬每週2天，夏季每週3天。次數如此少是為了降低燒熱水的燃料費和水費的支出。

除了有規定的日數以外，沐浴時間也是固定的，無法悠哉地泡著熱水消除疲勞。

每個季節的洗澡時間都是15分鐘，受刑人要在這段時間清洗身體和頭髮、刮鬍子、泡澡。一旦超過15分鐘，就算身上還沾滿肥皂泡泡，也必須離開浴場。

由於需要嚴格遵守時間，所以浴場內設有顯示時間的電子燈箱。這個燈箱每5分鐘就會依序點亮藍色、黃色、紅色，讓受刑人知道經過的時間。

很多刑務所也會規定沐浴的順序。首先受刑人要像軍隊一樣整隊、大幅擺動手臂走進浴場，左手拿著毛巾和肥皂，在浴槽前排排站，右手拿著臉盆舀熱水沖一次身體，在浴槽裡泡熱水3分鐘後再出來清洗身體，最後再進浴槽泡3分鐘。有些刑務所會像這樣規定詳細的步驟。

雖然洗澡的日子是固定的，但勞役後可以用毛巾沾水來擦拭身體。這稱作「洗體」或「身體擦拭」，要在2分鐘內完成。假日傍晚也允許受刑人洗體1次。

負責煮飯和清掃的受刑人每天都可以洗澡。因為煮飯和清掃需要保持乾淨，而且肉體勞動很容易流汗。

不是想洗就能洗的沐浴時間

浴場

刑務所裡連洗澡時間也不得放鬆。洗澡的方法也有規範，以下就來介紹沐浴的流程。

浴場 刑務所的大浴場處於擠滿受刑人的狀態。規則會因刑務所而異，沐浴方法也有各種規範。

④清洗身體，最後泡進浴槽裡
離開浴槽，用毛巾和肥皂清洗身體。最後再進浴槽泡3分鐘，結束。

①進場
進浴室時，要像軍隊一樣整隊、擺動手臂走進來。

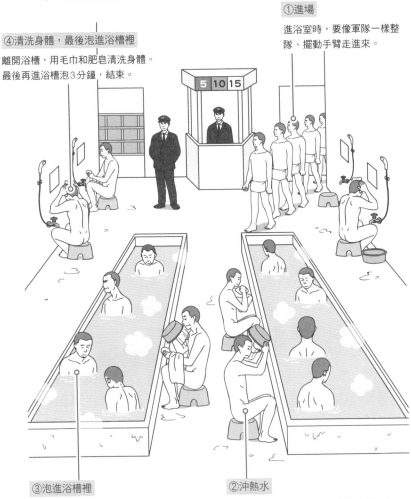

③泡進浴槽裡
進入浴槽泡3分鐘。

②沖熱水
左手拿毛巾和肥皂，右手拿臉盆舀熱水、沖洗身體1次。

受刑人穿過的髒衣服，
以大型滾筒式洗衣機一併清洗

相符身分 ▷	初犯者	累犯者	外國籍受刑人	刑務官	其他

相符設施 ▷	單人房	多人房	工廠	其他

除了洗衣也會修補
並且幫棉被彈棉花

在66～67頁介紹過「不正洗滌」會遭受處罰。這是指受刑人不能擅自清洗衣服，理由是要節約用水。那麼受刑人的衣服到底是誰在洗、怎麼清洗的呢？

洗衣服並不是受刑人自行處理，而是在刑務所的工廠裡進行。衣服會由在洗衣工廠工作的受刑人回收。衣服只要統一放在舍房裡就會被收走，當天傍晚就會洗乾淨送回來了。

這個制度乍看之下非常方便，但可以清洗的衣服也有規定。每天都能洗的只有內褲和襪子。貼身襯衣每兩天可洗一次，舍房衣和工廠衣每三天只能洗一次。

洗衣工廠裡有大型滾筒式洗衣機、脫水機運轉。雖然也有乾衣機，不過只有雨天才能使用，洗好的衣服都是日曬風乾。

由於需要處理大量的待洗衣服，為了避免遺失，所有待洗衣物上都縫有寫著受刑人編號和姓名的布章。

除了洗衣服以外，在洗衣工廠工作的受刑人還需要幫棉被彈棉花（把老舊的棉被重新整理成像新的一樣乾淨）、修補和縫製衣服。彈棉花會用彈棉機，修補和縫製衣服則會用縫紉機。

洗衣用的洗衣粉、洗衣皂，以及洗澡用的肥皂，其實都是在刑務所裡生產的。全部都是由橫須賀地方分所製造。刑務所勞役產品販賣所裡也會銷售，一般家庭都能購買使用。

以上就是刑務所裡的洗衣方式，不過也有刑務所會承包一般家庭的洗衣業務。

自己的衣服自己洗

洗衣

刑務所裡有洗衣工廠，除了衣服以外，棉被、枕套、帽子、鞋子全部都是由受刑人清洗。

洗衣工廠　刑務所裡有洗衣工廠，獄中的所有衣服都必須在這裡清洗。每座刑務所都有好幾台大型滾筒式洗衣機，由受刑人的洗衣夫負責作業。雖然也設有乾衣機，但只有在雨天才會啟動，基本上洗好的衣服都是日曬晾乾。

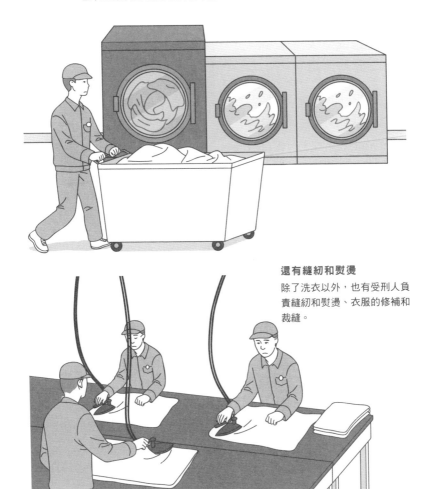

還有縫紉和熨燙

除了洗衣以外，也有受刑人負責縫紉和熨燙、衣服的修補和裁縫。

最多可以睡到15小時！
有充分睡眠的刑務所生活

相符身分 ▷	初犯者	累犯者	外國籍受刑人	刑務官	其他

相符設施 ▷	單人房	多人房	工廠	其他

♂ 睡覺時也依然少不了 必須遵守的規定

前面介紹過，自由世界裡的廁所和浴室是人們可以悠閒放鬆的地方，但在刑務所裡卻有獨自的規定，一刻也不得閒。

那麼睡覺的時候也一樣嗎？其實，受刑人在就寢時也有必須遵守的規定。其中最具代表性的規定，就是不能用棉被和毛毯蓋住臉。這是為了防止刑務官無法確認受刑人的臉。

除此之外的禁止事項，還包括把毛毯或被單裹在腹部、裸睡、和其他受刑人同床共寢、閱讀、私下交談等等。如果被刑務官發現違規，違反2次以下都只會收到口頭警告，但第3次就會列為調查對象，需要接受處罰（例如減少餐點7天、關進懲處

用的牢房）。

此外，受刑人在就寢時間可以上廁所。不過，在過去6人房裡住了8～10人的超額收容時代，有受刑人必須睡在廁所前，所以也有同房獄友會商量好「半夜儘量不上廁所」。

雖然有這些詳細的規定，不過至少好好保障了健康最重要的睡眠本身。

關燈時間是在晚上9點，起床時間是早上6點45分，計算下來可以睡大約10小時。此外，有些刑務所還會額外安排1小時的「午睡」時間，也有部分刑務所會規定午睡時間禁止受刑人私自聊天。只要提出申請的話，從下午5點開始甚至可以睡大約4個小時。在不需要勞役的「免業日」裡，很多受刑人都是從上午就開始睡覺。

就寢

睡覺時的禁止行為

刑務所的就寢時間很早，設在晚上9點，很多受刑人還睡不著。睡覺時也有各式各樣的規定。

不得用棉被蓋臉
為了讓刑務官確認受刑人是否好好睡覺，就寢時不能用棉被蓋住臉部。

不得與他人同床共寢
很多人在入獄時沒有坦承自己有同性戀傾向，結果有極少數的人在房內談戀愛、情侶睡在同一條棉被裡。

不得閱讀書籍
睡覺時禁止因為睡不著就讀書，只能專心等待睡意來襲。

不得交談
禁止因為睡不著而與他人交談。關燈後房內還是會保留可以看見臉部的亮度，因此很容易被刑務官發現。

早晚必須打掃兩次，
沒有清潔就得接受懲處！

相符身分 ▷	初犯者	累犯者	外國籍受刑人	刑務官	其他

相符設施 ▷	單人房	多人房	工廠	其他

🔗 生活起居所在的多人房 需要全員分工清掃

受刑人必須自行清掃自己生活起居用的舍房。這是法律規定的事務，不清掃的受刑人就會受罰。

舍房裡備有掃除用具，不過並沒有準備吸塵器之類的便利家電，可以使用的只有掃把、畚箕、撢子、抹布、水桶而已。

舍房的打掃時間是每天早、晚共兩次，多人房是由全體一起打掃，所以會以某人負責擦桌子、某人擦榻榻米、某人擦窗戶的形式分工合作。這些職務分配並不是由刑務所決定，而是同房獄友彼此商量決定。

除了打掃以外，物品也必須整理整齊、棉被要疊好。舉個疊棉被的例子，必須先把床墊摺成三摺，再疊上摺成四摺的棉被；如

果是在需要毛毯的季節，就再往上疊摺成四摺的毛毯。最後在寢具上放好坐墊、睡衣、枕頭。

或許有人會懷疑受刑人是否會認真打掃和整理，但這是多慮了。如果房裡髒亂不堪，就會以舍房為單位扣分。獄中有扣分罰款的制度，而且前面也提過，是法律規定受刑人必須打掃，所以受刑人都會認真打掃整理，保持舍房清潔。

在舍房以外，刑務所的樓梯和浴室等共用空間的清掃，則是由在「內掃工廠」裡工作的受刑人負責。內掃工廠的工作是打掃職員辦公室以外的刑務所所有地方，也會除草、掃落葉、整修運動場和花壇，以及到各個舍房收垃圾。打掃項目以外，任何更換和分發舍房消耗品的工作也是由內掃工廠負責。

掃除

掃除的分工是由各房自行決定，保持每日清潔

掃除的分工是每間舍房討論決定。由於這是法律規定的事務，所以受刑人都會保持舍房整潔。

打掃的情景　在多人房內，受刑人會商量分配擦桌子、擦地板、擦窗戶的工作。掃廁所是最辛苦的工作，但是沒有廁所專用清潔劑，只能把肥皂抹在馬桶、地板上，用刷子和抹布擦乾淨。

棉被的疊法
寢具的疊法也有規定。床墊摺成 3 摺，疊上摺成 4 摺的棉被。接著把毛毯摺成 4 摺疊上去，寢具上面再放坐墊、摺好的睡衣、枕頭。必須在起床後到點檢開始前的10 分鐘內折疊整齊。

男性受刑人不得蓄髮，每20天就要剃光一次

相符身分 ▷ 初犯者　累犯者　外國籍受刑人　刑務官　其他　　　相符設施 ▷ 單人房　多人房　工廠　其他

⚭ 女子刑務所的女性受刑人也會幫女性民眾剪髮

在判決定讞後成為受刑人的男性會剃光頭。關於剃光頭這件事，或許會有人疑惑為什麼要剃光？不能不剃嗎？但是在日本，這是法令「被收容者保健衛生暨醫療相關訓令」規定的事項，不能拒絕。

即使剃了光頭，沒多久頭髮就會長出來了，所以每20天就要再剃光一次。

不過並不是外聘理髮師來幫忙理髮，理髮同樣屬於受刑人的工作。理髮沒有專用的場所，而是在受刑人吃飯的餐廳裡進行。需要剃光頭的受刑人依序進入餐廳，把頭髮剃光。

如果是女性受刑人，可以選擇留長髮、妹妹頭、短髮這三種髮型，自由度比男性高出許多。

不過，由於刑務所的沐浴時間很短，長髮只能匆忙清洗，而且沒有吹風機，無法充分吹乾。因此，很多女性受刑人都是留短髮或妹妹頭。

在女子刑務所裡，剪髮也是女性受刑人的工作。女子刑務所裡的剪髮工作，都是由接受過職業訓練、取得美容師證照的受刑人負責。

有些女子刑務所甚至會開放美容室，提供一般民眾付費運用，除了剪髮以外，還可以燙髮和染髮。不過，這裡與刑務所外的美容室還是有很多不同，例如只收女性顧客，美容師與客人之間禁止不必要的閒聊，店內也不得使用智慧型手機和手提電話。不過理髮價格比一般美容院便宜7成左右。

理髮

受刑人只能剃光頭髮型

刑務所裡每20天就要理髮一次，只有女性有比較大的自由可以選擇頭髮長度。

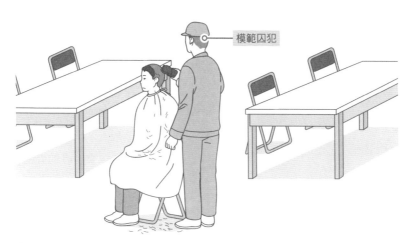

模範囚犯

在刑務所理髮

日本把在刑務所內理髮的行為稱作「ガリ（Gari）」。基本髮型是長度0.2公釐的光頭，也可以剪成稍微長一點的平頭。由模範囚犯負責幫大家理髮。

女性受刑人可以任選髮長

女性理髮是每3個月一次，髮型可以選擇短髮、妹妹頭、長髮這三種。剪短髮和妹妹頭的人比較多。

即將出獄的受刑人

快要出獄的受刑人可以留長頭髮

受刑人在出獄前30天起可以留長頭髮。即將出獄的受刑人頭髮都留到了大約5公分長，一目瞭然。

獄中的色情照片，
只能持有一人獨享的數量

相符身分 ▷	初犯者	累犯者	外國籍受刑人	刑務官	其他

相符設施 ▷	單人房	多人房	工廠	其他

∞ 受刑人有信教的自由
但有很多性方面的限制

考量到刑務所裡的生活，自然無法排除宗教和性欲。受刑人有信教自由的保障，只要是在自由活動時間，就可以去做禮拜或從事其他宗教行為。

刑務所裡有僧侶、牧師、神父等宗教人士舉行的「宗教教誨」演講。受刑人大多是佛教徒，所以最常見的是僧侶舉辦的宗教教誨，也有基督教、神道教、金光教和天理教等宗教教誨。原則上是團體聽講，但受刑人只要有需求也可以單獨聽講。不過，日本刑務所疏於因應世界三大宗教之一的伊斯蘭教，直到2017年有穆斯林受刑人向栃木刑務所和法務省提交請願書。穆斯林女性在禮拜時需要用絲巾蒙住手和臉以外的部位，但刑務所不允許，所以該名受刑人才提出請願。

近年來有愈來愈多的外國籍受刑人，日本刑務所對於各種宗教信仰的因應必須比以往更廣泛。

雖然刑務所裡有宗教自由，但很多與性相關的行為都遭到禁止，不過社會上傳聞的「自慰要受罰」屬於誤傳，是刻意讓人看見的自慰行為才會受罰。

獄中也禁止與他人發生性行為。一旦發現受刑人之間有同性性行為關係，就會強制更換工廠或舍房，拆散兩人。其他禁止的事項還有「和其他受刑人同床共寢」、「色情圖文的繪製、書寫、傳閱、持有」等等。雖然受刑人可以欣賞刑務所裡買到的雜誌收錄的裸體寫真，但是在丟棄雜誌時，不得將裸體寫真剪下來收藏。

性和宗教

充斥男性的刑務所中的性規範

刑務所裡對性行為和宗教的規範有一定程度的自由，以下來介紹部分規定和行為。

禁止的猥褻行為

對他人做出性行為
很多受刑人入獄後逐漸出現同性戀傾向，任何相關的性行為都會受到處罰。

傳閱成人寫真
受刑人可以私下獨自欣賞成人寫真，禁止傳閱他人。

故意裸露下體
在一般社會上露出下體會觸犯公然猥褻罪，獄中同樣視為猥褻行為，必須受罰。

宗教教誨

僧侶、神職人員、牧師會到刑務所裡進行道德和倫理相關的演講，很多受刑人都在服刑期間啟迪了宗教信仰。

刑務所每年一次的健康檢查，包含哪些項目？

獄中有健康檢查但項目並不充分

為了讓受刑人服完刑後順利回歸社會，需要保持他們的身心健康，因此必須管理受刑人的健康狀況。執法人員行為守則（聯合國採取的各國警察和刑務官的基本原則）當中，也明定「必要時應立即採取行動確保這些人獲得醫療照顧」。

所以，受刑人每週會接受1、2次一般診療，以及每年一次的定期健康檢查。如果有流行性感冒或傳染病的風險，也會隨時進行健康檢查。受刑人不得拒絕做健檢，反抗會視為違規行為，要接受處罰。

遭到單獨拘禁的受刑人也有做健康檢查的義務。未滿20歲的受刑人每30天、其他人每3個月做一次健康檢查。拘禁在多人房1年以上的受刑人，則是每半年做一次健康檢查。

這麼看來，獄中的健康管理似乎很周到，但也有批評指出刑務所的健康檢查有不少缺失。刑務所進行的健康檢查基本上是測量身高、體重、視力、血壓，醫師認為有需要時，才會再加上尿液採檢、糞便採檢、X光檢查，並未實施抽血檢查和自費檢查。

即使受刑人申請診察，也是由醫務部的職員到舍房問診，而非醫師。診察滿3次後就會列為醫療觀察對象，受刑人要在單人房中隔離，因此有些人會隱瞞症狀不看診，結果導致病情惡化。

這些檢查的醫療費都是免費，由稅金支付。站在一般社會的角度，也有很多人質疑國民為何要替罪犯負擔醫療費用。

健康管理

受刑人可以定期健康檢查和診察

刑務所裡也會管理受刑人的健康，除了定期健康檢查以外，身體不適時也可以由醫務官診察。

每年一次定期健康檢查

測量身高、體重、視力、血壓，部分情況下還會做尿液或糞便採檢、X光檢查。會有健檢車前來幫受刑人檢查。

每週可診察1～2次

有護理師執照的刑務官每週會來1～2次，如果受刑人身體不適、工作時受傷，都可以接受診察。

由獄醫診察

如果受刑人症狀嚴重，在提出申請數天後，就可以接受持有醫師執照的獄醫診治。

刑務所FILE

醫務官的診察方式是單純開藥

醫務官沒有醫師執照，所以只能做基本的診察和開藥。藥品可以免費取得，有止痛藥、感冒藥、安眠藥、瀉藥、止瀉藥等等。

罹患末期癌症的受刑人，可能獲得釋放

| 相符身分 ▷ | 初犯者 | 累犯者 | 外國籍受刑人 | 刑務官 | 其他 |

| 相符設施 ▷ | 單人房 | 多人房 | 工廠 | 其他 |

勞役中意外身故 國家會給付補償金

很多受刑人都過著稱不上是健康的社會生活，再加上高齡受刑人年年增加，現今日本至少有三分之一的受刑人都身懷隱疾。

刑務所是採取什麼樣的醫療體制因應受刑人的疾病呢？刑務所有由醫師擔任主任的醫務處，也備有適當的醫療設備，但沒有能力因應高度的醫療需求。

因此，假若受刑人得了刑務所裡無法處理的疾病，就會移送到醫療刑務所、附設醫療中心的刑務所，或是外部醫院。

醫療刑務所專門收容有身心疾患或障礙的受刑人，治療項目有內科、外科、精神科、泌尿科和眼科等部門。日本的醫療刑務所有相當於綜合醫院的東京八王子醫療刑務所、大阪醫療刑務所；精神病院設施則有愛知縣岡崎醫療刑務所、福岡縣北九州醫療刑務所。札幌、仙台、東京、名古屋、大阪、廣島、高松、福岡各有一座刑務所醫療中心，裡面有完善的專業醫師和醫療設備，可接收管區內的刑務所患者。

儘管如此，還是有受刑人因治療無效而死。光是八王子和大阪的醫療刑務所裡，每年就有超過400名受刑人死亡。

如果死因為工作職災，政府會給付死亡補償金。補償金有固定的最高額、平均額、最低額，根據當事人有無過失來決定給付金額，最高到最低依序是459萬、300萬、150萬日圓。

癌末等診斷為重病的受刑人如果希望臨終時和家人在一起，可能獲准停止行刑，釋放出獄。

和善對待受刑人的醫療刑務所刑務官

醫療

有治療需求的受刑人會被移送到醫療刑務所。由於對方是病人，刑務官的態度都很和善。

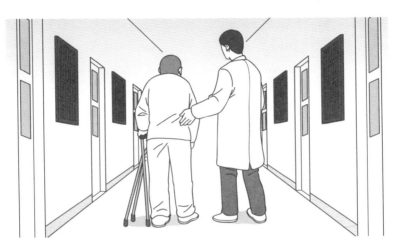

醫療刑務所

所有刑務所裡都有醫務處，但如果是需要專業治療的重病，就會把受刑人移送到醫療刑務所。這裡有許多精神疾病的人或神經質的受刑人，為了防止他們自殺，多數刑務官都會溫柔對待他們。

死亡和殘障補償

若受刑人在刑務所裡死亡，會給付死亡補償金；若是受傷，則是給付殘障補償金。補償金會根據當事人是否有過失來決定金額，不過金額都十分微薄。

安葬於公共墓地

受刑人死後若無人認領遺體，刑務所裡就會單純施行火葬。一年後如果還是聯絡不到亡者的家屬，就會安葬於刑務所裡的公共墓地。

運動時間非強制，改成看報紙也沒問題

相符身分 ▷	初犯者	累犯者	外國籍受刑人	刑務官	**其他**

相符設施 ▷	單人房	多人房	工廠	**其他**

過度放縱的受刑人甚至引發爭執和群毆

為了保持受刑人身體健康，除了定期的健康檢查和均衡的飲食以外，還需要適度的運動。就算受刑人的行動受到大幅限制，刑務所還是會特別安排有益健康的運動時間。

多數刑務所都會在上午或下午的勞役時間裡，安排半小時的戶外運動時間。可從事的運動包含打棒球、排球等球類運動，也可以散步或跑步。

雖說是運動時間，但並不是非運動不可（但少年刑務所會強制受刑人運動）。因此，也有人不想活動筋骨，改去下圍棋或日本將棋、看報紙。

受刑人也可以在這段時間裡和獄友閒聊，運動和沐浴、吃飯一樣，是受刑人最大的樂趣，也是排解壓力的寶貴時間。

不過事實上，受刑人在運動時間也很容易過度放縱。不僅容易發生爭執、群毆等問題，也因為這段時間可開放受刑人彼此交談，所以黑道組員會瞞著刑務官偷偷聚集。由於運動是在戶外進行，因此也有人會趁這段時間把違禁品從牆外丟進刑務所。

在狹小的單人房裡日夜獨居度日的隔離受刑人，基於健康考量，也會被要求做運動，但運動地點也是單人用的小空間，能做的項目只有跳繩、伏地挺身、收音機體操等等。由於不能像多人房那樣和獄友一起快樂做運動，即使安排運動時間，也有不少受刑人只會在狹小空間裡走來走去，不做任何運動，純粹消磨時間。

運動

運動時間是紓解壓力的絕佳機會！

運動時間對受刑人來說是紓解壓力的絕佳機會，而且運動並非強制，比較可以任意活動。

晴天在戶外運動

在上午或下午的勞役時間當中，會安排半小時的運動時間。受刑人可以任意運動，其中最受歡迎的是壘球。受刑人也可以大聲閒聊，是紓解壓力的時間。

隔離受刑人要在獨立空間裡運動

禁止接觸其他受刑人的隔離受刑人，會在獨立的運動場裡跳繩或鍛鍊肌肉。

不運動也 OK

運動並非強制，受刑人也可以彼此閒聊、下日本將棋或圍棋、看公用報紙。

一般社會場合不會使用，
刑務所的特殊術語！

近年來使用特殊術語的受刑人變少了？

　　日本刑務所裡有很多特殊術語，例如草鞋、老爹、自由世界（シャバ）、落紅、豬等等。草鞋是指炸豬排和漢堡排。老爹是指刑務官，如果刑務官姓中村，就會稱作「中村老爹」。自由世界是指刑務所以外的地方，例如連續劇裡都會出現「自由世界的空氣果然就是新鮮～」這類對白，所以應該很多人都聽過。落紅的由來是日本在二戰前，犯人在判刑定讞後從看守所移送到刑務所時，會穿上紅色的囚服。豬是指在多人房裡，睡覺打鼾像豬叫一樣響亮的受刑人。這些都是日本刑務所特有的文化，但近年來會使用這些說詞的受刑人愈來愈少，可以算是逐漸失傳的文化。

3章

獄中的
休閒娛樂

受刑人每天都過著充滿壓力的生活。在沒什麼自由、狹小又煩悶的刑務所裡，他們都是怎麼發掘樂趣、享受僅有療癒的時光呢？ 這裡就來探索刑務所裡的娛樂和趣味活動、書信和慰勞品等受刑人的小樂趣。

假日太閒，
就容易滋生暴力事件

相符身分 ▷	初犯者	累犯者	外國籍受刑人	刑務官	其他

相符設施 ▷	單人房	多人房	工廠	其他

受刑人討厭休息
原因竟是無聊和壓力

日本刑務所裡把不必做勞役的日子稱作「免業日」，和一般社會一樣休假。除了星期六、星期日、國定假日外，新年和盂蘭盆節還可以各休3天。

除此之外，每月2日的「矯正指導日」（教育處遇日）也是假日。受刑人在矯正指導日當天要收看固定的節目，或是閱讀書籍並寫下心得，將每月的目標和完成進度記錄在筆記本上繳交。由於這天沒有勞役，所以實質上算是休假。

假日會舉行慰問會、看電影、演講等活動，不過一般休假都是一整天關在舍房裡度過。因為不需要做勞役，三餐以外都是自由時間，但當然哪裡都不能去。

很多受刑人會在房裡看書、看雜誌、聽廣播節目，也有人會寫信、勤於自學，或者看電視；在多人房裡可以下圍棋、將棋、閒聊。也有不少受刑人選擇在中午休息時「午睡」和傍晚閉目養神的「小睡」。

雖然度過假日的方式各不相同，但受刑人未必能因此重振精神，很多人還是覺得「做勞役比休息好多了」。

他們之所以會這麼想，是因為假日沒有該做和能做的事，太無聊了，變得很難打發時間。尤其是在多人房裡，一整天都要面對同房獄友，壓力反而會增加。特別是在黃金週之類的長連假期間，彼此的耐性都會到極限，況且沒有刑務官搜身，所以確實很容易發生暴力行為和爭吵，藉此發洩情緒。

假日

用看電視、閱讀當消遣的刑務所假日

假日沒有勞役，受刑人一整天都在舍房裡看電視、下圍棋，消磨時間。對他們來說非常無聊。

度過假日的方法

如果假日沒有什麼特別活動，受刑人大多一整天都會待在舍房裡。房內備有圍棋和日本將棋、黑白棋，同房獄友通常會聊天下棋、看書、看電視。看電視時，可以穿著睡衣躺在床鋪上看。

社團活動

模範囚犯可以參加社團活動。有歌唱社、繪畫社、書法社、俳句社等等，但全部都有名額限制，人太多就需要依序等待。基本上都在晚餐後進行。

受刑人之間經常爆發爭吵

假日會變得很無聊，容易累積壓力，又沒有刑務官來點檢，所以在新年或其他連假期間，受刑人之間特別容易發生爭吵或動用私刑。

圍棋和將棋，
刑務所裡超級受歡迎的娛樂！

相符身分 ▷	初犯者	累犯者	外國籍受刑人	刑務官	其他

相符設施 ▷	單人房	多人房	工廠	其他

⛓ 即使看電視也只有
固定頻道和審核影片

刑務所裡不只電腦，連智慧型手機和平板電腦都沒有，因此電視堪稱是最頂級的娛樂。部分收容隔離受刑人的單人房裡不會有電視，但多人房、夜間單人房、工廠的餐廳都附設電視。

平日晚上7～9點可以看大約2小時的電視，時段會因刑務所而異。假日則是在上午8～10點、晚上6～9點，總共有5小時的看電視時間。不過，並不是想看什麼節目都沒問題，電視上會播放的只有固定的頻道和通過審核的預錄節目影片。順便一提，多人房裡為了避免獄友搶電視頻道而大打出手，都是由擁有「轉台權」的受刑人來決定看哪一台。

受刑人最愛看的是<u>棒球賽轉</u>播、大相撲等運動節目和歌唱節目，另外也經常看記實節目。

新聞等報導節目大多是透過廣播播放，但內容也會經過審核才播出。要是播出黑道抗爭和逃獄相關的新聞，可能會對受刑人造成多餘的刺激。

和電視、廣播節目並列受刑人心中娛樂之王的就是閱讀。受刑人可得到饋贈的書籍，但大多無法通過檢驗；況且對於每個月工作獎金只有4500日圓的受刑人來說，書是昂貴的奢侈品。雖然可以向刑務所的圖書室借閱書籍「官本」，借閱期間大約是1個月，不須付費，但幾乎都是二手書，不能指望有全新的書籍。

報紙除了一般報紙外，受刑人也可以購買閱讀體育報紙，也有人想買週刊或月刊，只要付得起錢就能閱讀。

娛樂

受刑人在閒暇時間的樂趣

這裡要介紹在壓力堆積如山的刑務所生活中，受刑人平常都仰賴哪些休閒娛樂而活。

電視
可以觀賞重播的大河劇、預錄的電影和歌唱節目。

閱讀
有錢的受刑人通常可以定期訂閱一般報紙、運動雜誌和週刊。

廣播節目
一星期中各天可以收聽的廣播電台是固定的，有NHK、民間電台等等。也會播放大相撲的現場轉播。

會客
會客時可以拿到慰勞品，或是和家人或親密的人談話，是最溫暖的時光。

圍棋、將棋
舍房常備有圍棋和將棋各一套，在休息時間和晚餐後的自由時間可以下棋。

刑務所FILE

高潮迭起的圍棋將棋大賽

有些刑務所會舉行「圍棋將棋大賽」作為年度盛事，從各個工廠裡選拔棋士，採取淘汰制，展開熱烈的對奕。結束比賽的工廠受刑人也可以繼續留下觀賽，因此是刑務所裡大受歡迎的活動。

吃零食看電影，
是模範囚犯享有的特權

相符身分 ▷ 初犯者　累犯者　外國籍受刑人　刑務官　其他　　　　相符設施 ▷ 單人房　多人房　工廠　其他

偶像和資深諧星
也會來刑務所表演

刑務所舉辦的活動當中，受刑人最樂在其中的是慰問會。大約每個月舉辦一次，有漫才師、落語家、歌手前來表演，甚至也有演唱會。最著名的軼事就是歌手兼演員杉良太郎，從15歲開始連續60年都會到刑務所裡慰問表演。順便一提，到刑務所慰問都是屬於不收錢的義演。

刑務所也有每個月1～2天假日舉行電影觀賞會，又名為「集會」，只有模範囚犯可以參加這個集會。觀賞的電影會避免激烈內容，以免刺激受刑人。觀影片單大多是劇情片、動作娛樂片等等，負責教育的刑務官會先檢查內容，再自費租片後播放。

順便一提，電影觀賞會之所以受歡迎，也是因為可以邊看電影邊吃零食。有錢的受刑人會購買零食，可以趁這個時間大啖。畢竟這是少數能吃零食的機會，令許多受刑人期待萬分。

此外，每年10月舉行的「工廠對抗大運動會」也非常受歡迎。不同於其他活動，只有運動會開放受刑人主動參加。受刑人會和刑務官一起選出幹部、策劃比賽項目、選拔出場選手等等，規劃整場運動會的流程。

運動會是各工廠互相對抗，刑務官和受刑人會以冠軍為目標努力，但刑務官在當日須執勤，即使負責的工廠獲勝也不能和受刑人一起狂歡，只能默默監視。

運動會提供的午餐便當主食為白飯，只有運動會和新年前三天能吃到白米。有些刑務所會提供點心，氣氛和新年一樣熱鬧。

慰問

受刑人期待萬分的慰問會

在平常缺乏娛樂的刑務所，會有諧星或歌手前來慰問表演。受刑人可以在台下享受片刻的休息時光。

漫才

諧星表演的漫才需要迴避刑務所禁止的內容，像是千萬不能說「逃走」之類的詞。重罪受刑人觀看表演，則是一定要由刑務官陪同。

落語

等級最高的落語家真打也曾經到過刑務所表演，表演的題材形形色色，從古典涵蓋到最新作品。受刑人也經常聽得開懷大笑。

演唱會

有歌手表演，或是由當地志工舉辦合唱會或舞蹈表演。特別知名的刑務所偶像有女子雙人團體「Paix 2」。

刑務所FILE

受刑人反應最好的題材

平常很可怕的刑務官，在諧星的漫才表演當中扮演被欺負的角色，這類演出便能引起受刑人哄堂大笑。在表演中使用「願箋」之類刑務所裡特有的說詞，也很受受刑人歡迎。

集會

可以吃零食的絕佳機會

「集會」是指電影觀賞會，是只有模範囚犯才能參加的活動，因為可以吃零食，所以很受歡迎。

電影觀賞會

每個月會在1〜2天的假日舉行電影觀賞會，只有模範囚犯可以參加。電影內容大多是血腥場面較少的劇情片和動作片。不過，播放時間只有1小時左右，因此有時候長片會分成兩次播出。

目的不在電影而是吃零食

電影觀賞會上可以吃零食。在刑務所裡平常沒辦法吃零食，所以很多受刑人都是為此才參加電影觀賞會。

刑務所 FILE

零食須自費購買

零食並不是由刑務所配給，而是自費購買。可以花大約300〜500日圓購買刑務所裡指定的三種零食。

其他活動

運動會是刑務所裡最熱鬧的活動

刑務所裡會舉辦各工廠互相對抗的運動會。受刑人會為了這天做準備，展開熱烈的對戰。

工廠對抗大運動會

這是年度盛事當中最熱鬧的活動。項目包含100公尺賽跑、障礙賽、大隊接力等等。各個工廠互相較量，負責的刑務官會帶頭和受刑人一起規劃，目標是努力獲勝。

賞花（賞櫻會）

在刑務所裡的櫻花樹下鋪藍色野餐墊，受刑人聚在一起吃點心、用攜帶式卡拉OK伴唱機高歌。刑務所會提供的點心有草餅和櫻餅，還可以喝到咖啡。

慶生會

每個月會將當月生日的受刑人聚集在一起，舉辦慶生會。一般在午休時舉辦，壽星會在集會室裡吃甜甜圈或其他點心、看電視。

刑務所 FILE

文化祭才有的刑務所便當

東京府中刑務所裡有一般民眾參加的「文化祭」活動。刑務所只有這一天會開放參觀，販賣受刑人親手做的便當、麵包、皮製品等等。

禁用外語和暗號！
會客時的嚴格規定

相符身分 ▷	初犯者	累犯者	外國籍受刑人	刑務官	**其他**

相符設施 ▷	單人房	多人房	工廠	**其他**

✄ 與親朋好友交流
可以撫慰孤單的心

雖然受刑人關進刑務所裡，但還是可以與外界的人會面。原則上可以會面的只有雙親、兄弟姊妹、配偶等近親，以及律師、事業相關人士、受刑人更生保護相關人士。不過即使是不符合這些身分的人，只要與受刑人有明確的關係，受刑人本身也承諾當天會面的話，還是可以會面。

會客時間是平日上午8點30分到下午4點，一次約半小時，一次最多可以見3人，一天只能會客一組人。也有些刑務所需要登錄會面人的資料。

儘管受刑人可以連日會客，但次數會因「收容區分」而有差別。受刑態度最好的一類，每個月可以會客7次，二類是每月5次，標準的三類是3次，四類和五類則是2次，採取遞減的等級制度。

會客室設有連續劇常見、雙層開有小洞的厚壓克力板隔間，現場有刑務官陪同並記錄會客談話內容，有些場合甚至會攝影或錄音。不過，會客對象是親人時可能就不會有刑務官在場。

前來會面的人首先要在櫃台登記，前往等候室裡等待。輪到自己以後，首先進入檢查室裡檢查隨身物品，這時不得將手機、相機、可錄音錄影的機器、香菸攜入，必須交給職員寄放或是收在臨時置物櫃裡。

會客時禁止說外語、使用暗號和符號、談論黑道的動向、敲打隔間的壓克力板。一旦發生這些違規行為，會客就會強迫暫停或是停止。

會客

希望會面者與受刑人見面的流程

在連續劇裡經常可以看到受刑人會客的場面。接下來就來介紹會客的流程。

①申請會面

會面人向櫃台領取一張會面申請書，填寫姓名、聯絡地址等必要事項。一次會面最多可以有3人同行。有些刑務所會要求事先辦理「會面人登錄」手續。

②在等候室等待

提出會面申請書後，會拿到受理編號和寫有會客樓層的會面號碼牌，坐在等候室裡等待叫號。

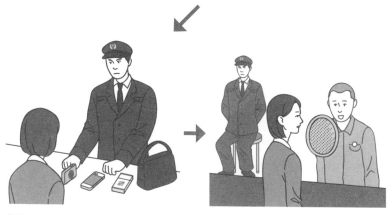

③檢查隨身物品

被叫號以後，前往檢查室進行隨身物品檢查。會客室裡基本上除了貴重物品以外，不得攜帶手機、相機、香菸等等。

④會面

會面人進入會客室後，受刑人才會進來。談話內容全部都會記錄，有一名刑務官從旁監視。會客時，禁止使用外語和暗號。

給受刑人的慰勞品，
可透過宅配和郵局寄送

相符身分 ▷	初犯者	累犯者	**外國籍受刑人**	刑務官	**其他**

相符設施 ▷	**單人房**	**多人房**	工廠	其他

只能贈送指定物品
不得依喜好任意選擇

受刑人生活上使用的物品，除了設施配給的「官物」，還有自行購買或得到饋贈的「私物」。對於生活嚴苛的受刑人來說，親朋好友贈送的慰勞品也是精神上的支柱。不過，並不是什麼東西都可以隨意交給受刑人。可饋贈的物品原則上只能是在刑務所指定的商店裡購買的商品。

可以饋贈的慰勞品有衣服、文具、書籍雜誌（每個人每月限3～10本），但書籍雜誌以外的物品只能在刑務所指定的商店購買。因此就結果來說，送現金最能討受刑人歡心，而現金饋贈最多在3萬日圓以下。

除此之外，也可以透過宅配或郵局寄送慰勞品，但內容物僅限於郵票、書籍、現金、照片（一次上限10張）等少數物品。

不得作為慰勞品的品項包含便服（出獄時穿的衣服除外）、香菸、食品、棉被（僅能使用國家提供）、電玩遊戲機器、電腦等電子機器。無法檢查內容的護身符也不得贈送。

即使是可作為慰勞品的書籍雜誌，也可能因內容而被查禁，例如介紹刑務所內部情況、刊登犯罪手法和反社會勢力與組織資訊的書一律禁止；過於激烈的成人書籍也會禁止，但如果是便利商店書架上販售的就沒問題。

慰勞品也會因為贈送人的身分而受到限制。例如姓名標示不清的人、與受刑人的關係不明的人、贈送人可能有妨礙受刑人更生的疑慮，這些情況下慰勞品都會遭到查禁。

慰勞品

不能隨意贈送的慰勞品規範

贈送給受刑人的慰勞品有所限制，即使將衣服和點心零食包裝成禮物，也會被刑務官丟棄。

可以饋贈的物品

書籍、現金、小孩的圖畫

書籍雜誌只要不是描寫黑道組織、犯罪手段、刑務所內部情況的內容，基本上都可以贈送。成人書籍也可以贈送。現金每次饋贈的上限是3萬日圓。小孩畫的畫像也OK。

刑務所指定的物品

上衣和內褲等衣服、肥皂和牙刷等日用品，都只能使用刑務所指定的物品。如果要贈送這些物品，必須在刑務所指定的商店購買、寄送給受刑人。

禁止饋贈的物品

刑務所指定商店以外的商品

在刑務所指定的商店以外購買的衣服、日用品、點心零食等食品、香菸、手機和電腦等電子機器，都不得贈送。即使包裝成禮物，也會被刑務官直接丟棄。

書信最多只能寫7張，
限用黑筆或藍筆

相符身分 ▷	初犯者	累犯者	外國籍受刑人	刑務官	其他

相符設施 ▷	單人房	多人房	工廠	其他

即使想寄信
也不會當日受理

原則上，並不會限制通信寄送對象，但是有犯罪傾向者、有前科者、反社會團體人士、曾為共犯關係者，大多不會獲准。

日本在2006年修法以前，只允許受刑人和通過申請的親朋好友通信；即便是沒有登記結婚的配偶也不允許通信。因此，有些受刑人為了通信和會面，會透過法律收養沒有登記結婚的妻子。從當時的情況來看，現在通信上的互動變得比會面要自由許多。

當另一方想寄信到刑務所，不論是快遞或電報都沒問題，明信片、密封的書信、掛號信都可以寄到受刑人手上。隨信也可以附上照片、合約、證書等文件。文章的長度（信紙張數）、格式都沒有規定，也不限制次數。

相較之下，受刑人寫的書信卻有規定和限制。根據入獄後的收容分級，五級每個月最多只能寄4封信，三級每月最多可寄5封信。每次寄信以2封為限，每週限寄1次，只在隸屬工廠規定的星期數寄出，也必須在前一週預約，不能臨時寄信。信件內容都會經過檢查，要以未密封的狀態交給負責的刑務官。其他規定還包括：每封信限制在7張信紙以內，不可寫在信紙框線外，僅限黑或藍色原子筆，不可畫圖，禁止使用日語以外的語言。

信件不可提及與犯罪相關的事物、勒索貴重物品和威脅、獄中資訊（刑務官的姓名、活動和工作內容等），亦不得書寫暗號等只有自己人才懂的語句，這個規定也適用於外來信件。

千辛萬苦才能寄出信！通信的規範

書信

對受刑人來說，書信往來是休息時間之一。但是想要從刑務所寄信，需要遵守很多規定。

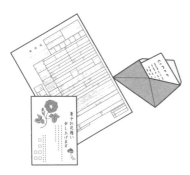

寄給受刑人的信件基本沒有限制

寄信給受刑人時，明信片、信紙等形式不拘，信紙的張數和書寫方式也沒有限制。除了離婚協議書以外，也常常有合約寄來。

將信件交給刑務官

如果受刑人想要寄信出去，要將信件交給工廠負責的刑務官、接受檢查。每週只能寄信一次，剛入獄的受刑人每個月最多可寄4封，半年後可寄5封。

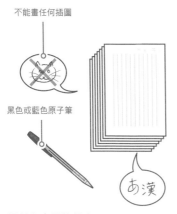

不能畫任何插圖

黑色或藍色原子筆

信紙和文具的規定

信紙的張數以7張以內為限，文具只能用黑色或藍色的原子筆。不能畫插圖，也不能寫外語。

刑務所FILE

有香氣的信紙會被沒收嗎？

給受刑人的信件基本上用什麼都可以，也有人為了讓受刑人開心而使用會散發香氣的信紙。這種信件的規定是「讀後扣留」，讓受刑人看完一遍以後就要沒收，直到出獄才會歸還。

念念不忘的年菜滋味，
有人竟為此不惜入獄！

相符身分 ▷	初犯者	累犯者	外國籍受刑人	刑務官	其他

相符設施 ▷	單人房	多人房	工廠	其他

🔗 跨年蕎麥麵是泡麵
年菜是幕之內便當

刑務所一年當中餐點最豪華的日子就是新年。元旦當天會提供日式年菜，在稱作「正月折詰」的年菜盒裡放滿鹽烤蝦、蒲鉾魚糕、生魚片、黑豆、栗金飩等日本料理，還有炸豬排、焗烤等西餐，全部都是一口大小。

提到日本的年菜，當然少不了年糕，這裡也同樣會提供。有些刑務所會在元旦～1月3日的午餐都提供年糕，因設施而異。

順便一提，除夕夜會提供刑務所平常吃不到的泡麵，作為跨年蕎麥麵。或許有人覺得就只是泡麵而已，但對於吃慣清淡飯菜的受刑人來說卻是格外有滋味。

姑且不論泡麵，外界也有人批評：「給囚犯吃年菜和年糕未免太奢侈了吧！」但這其中包含了矯正機關暗示受刑人「只要更生就能吃到這麼美味的食物」，有促使他們及早矯正的意義。不過，事實上也有累犯為了吃新年大餐而設法入獄。每到年末，都有犯罪率提高的傾向。

年菜之外，刑務所也會因應季節提供應景料理。例如2月的節分有甘納豆，3月女兒節有雛霰米果，5月兒童節有柏餅，其他還有土用丑日的烤鰻魚、聖誕節蛋糕。這些平常不會出現的特殊餐點令受刑人都萬分期待。

順便一提，國定假日還會免費發給大家巧克力、餅乾、花林糖當作特別食品。獄中把香甜的點心稱作「甜飯」，最受歡迎的是紅豆年糕湯、甜煮豆。假日會提供麵包。吃點心零食對受刑人來說，是最幸福的療癒時光。

年菜

可以吃到分量十足的餐點和零食

新年對受刑人來說是享受的時間,因為餐點會變得很豪華,也能吃到零食點心。

年菜

飯盒裡塞滿了炸豬排、煎雞排、炸雞塊、炸蝦等油炸食物,還有昆布卷、魚肉蛋卷、鯡魚卵、生魚片、黑豆等常見的年節佳餚。有些刑務所甚至還會提供蒲燒鰻和牛排。

年糕

1月1日～3日的午餐會提供年糕。有雜煮年糕湯、紅豆年糕湯、海苔包年糕等等。有些刑務所會連續3天供應。

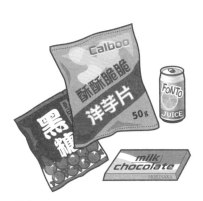

零食

除夕夜會分發零食作為特別食品,當作新年3天份的點心,在1月3日以前都可以隨時想吃就吃。

刑務所 FILE

新年過後體重暴增!

在新年前3天,除了年菜等大餐以外還會提供零食,所以很多受刑人都會在這段期間胖上2～3公斤。

因應節慶更換餐點的內容

刑務所裡的菜色並非一成不變，也會提供因應的節日餐點，受刑人可以稍微享受一點季節的風味。

情人節

在2月14日情人節當天，午餐或晚餐會提供巧克力零食或巧克力麵包。

女兒節

3月3日的午餐或晚餐會分發小包的雛霰米果。

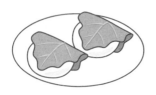

兒童節

5月5日的兒童節當天午餐或晚餐，會提供一人1個柏餅。

彼岸節

在9月的秋季彼岸節時期，午餐或晚餐會提供萩餅。

聖誕節

晚餐會提供聖誕蛋糕，是只有海綿蛋糕和鮮奶油的簡單蛋糕。

除夕

除夕會提供即食蕎麥麵當作跨年蕎麥麵。晚餐後才會供應熱水。

零食

入獄後就會變得愛吃甜食？

刑務所裡平常不能吃甜食,所以零食非常受歡迎。以下就來介紹受刑人會吃的零食。

甜飯

刑務所裡會將甜味食物統稱為「甜飯」。平常在獄中不能吃甜食,所以對於不愛吃甜食的人來說也變得很美味。鹹口味的煎餅米果和洋芋片也歸類為甜飯。

冰淇淋

夏天會提供冰淇淋。有杯裝冰淇淋、長型塑膠管裝的冰棒等許多種類。

紅豆湯

在假日午餐提供麵包的日子所供應的紅豆湯,是受刑人最愛的甜飯。他們會把麵包撕成小塊沾紅豆湯吃。

果汁

罐裝可樂、咖啡、汽水、果汁類基本上只要自費購買就能喝到,在集會上也可以喝。

刑務所裡的購物方式，採號碼畫記卡登記

相符身分 ▷	初犯者	累犯者	外國籍受刑人	刑務官	其他

相符設施 ▷	單人房	多人房	工廠	其他

零元生活好痛苦⋯ 以購物改善牢獄生活

刑務所裡不需要花一毛錢就能過活，但有錢還是可以買到一些東西。支付是靠勞役賺取的薪資（工作獎金），或是寄放在設施的手頭現金（扣留金）。受刑人不得隨身帶錢，所以是採取事後扣除的方式。

工作獎金的定位在於「出獄後回歸社會用的資金」，所以要是在刑務所裡花掉太多工作獎金，就會影響到假釋的審查。工作獎金的金額是每月大約4500日圓，花太多恐怕會破壞個人形象。

很多受刑人都沒有扣留金，這種人就被稱作「零元」，因為手頭沒有錢、無法購物，只能靠刑務所免費供給的零元「官物」維繫生活。

刑務所供給的官物有內褲、襪子、睡衣、涼鞋、運動鞋、上衣和長褲等衣服，還有牙刷、衛生紙、肥皂、毛巾、鉛筆、原子筆等日用品。不過，供給的數量都是固定的，例如牙刷是每兩個月1支，肥皂每個月最多2個，衛生紙每天2張。由此可見官物只給予最低限度需要的數量，所以生活必須過得非常節儉。

有扣留金的受刑人可以購買刑務所指定的物品作為私物，但就算是用手頭上的錢購買，也有數量的限制。購物的次數是每個月限1～2次，每個月只能在固定的日期下單。可購買的商品只有日用品和書籍。

當然，購買的方式也有相關規範，作法是在印有商品名稱、商品編號、價格的號碼畫記卡上畫記想要的商品再提交。

購物①

在刑務所裡買東西要萬分小心

在刑務所裡買東西，要以專用的號碼畫記卡訂購。很多受刑人都會畫錯，但是不得重寫。

日用品	編號	數量
鉛筆	111	①②③
原子筆	112	①②③
上衣	113	①②③
內褲	114	①②③
手套	115	①②③

填寫號碼卡

在刑務所裡買東西時，要在專用的號碼畫記卡上填寫自己的編號、姓名、舍房，再畫記想要訂購的商品編號。一定要用黑色原子筆填寫，不得使用鉛筆。

填錯不得修正

畫記編號時，很多受刑人都會填錯行數或是填寫錯誤。甚至會有人抗議「我不是要買這個」。但是寫錯不得修改，只能放棄。

不買東西的受刑人

很多受刑人都沒有錢。他們在刑務所裡被稱作「零元」，大多是60歲以上的高齡人士，只靠刑務所供給的官物過活。

絕大多數受刑人購買的私物

刑務所會配給官物，但全都是品質粗劣的東西，使用上相當不便，因此很多受刑人都會購買私人物。

衣服

內褲
官物的花色是直條紋（或白色），質料很薄，很多受刑人會購買一般的四角褲、貼身四角褲、三角褲當作私物。

棉質衣褲
較厚的長袖上衣和長褲，冬季時可穿在舍房衣和工廠衣裡面。官物的質料很薄，即使穿上身還是很冷。私物要價約7000日圓，相當昂貴，有錢人才買得起。

襪子
黑色，分為夏用和冬用。官物的質料很薄，容易破洞，冬天穿起來很冷。因此很多受刑人會買品質較好的襪子作為私物。

日用品

肥皂
官物是每個月會配給1個，但是洗手、掃除、洗澡都使用，不到一個月就會用完，自然也成為許多受刑人會購買的私物。

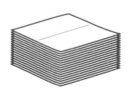

衛生紙
上廁所、擤鼻涕時用的衛生紙是受刑人的必需品，一個月最多可買700張。

牙刷、牙膏
官物的牙刷刷毛很快就會開花，牙膏分量也很少，所以很多人都會購買私物。

毛巾
官物只提供白色，私物可以選擇黑色、紅色、黃色等素色款式。

購物③

受刑人希望買得起的物品

娛樂必備的東西、寫信時需要的文具，都需要自費購買。

娛樂品

書

可以購買書籍、報紙、週刊、月刊、單行本。書和雜誌一次限購3冊，週刊每月限購3冊。成人影音快訊和漫畫雜誌都很受歡迎。

零食

有錢的人會購買零食，在集會等開放飲食的時間享受。受刑人平常吃不到甜食，所以特別受歡迎。

文具

受刑人購買的文具包含寫信時需要的用具，和填寫願箋時會用到的物品，有鉛筆、原子筆（黑、藍、紅3種顏色）、橡皮擦、信紙、直尺、墊板等等。

受刑人的獄中的休閒娛樂之9

菸酒等違禁品，有哪些非正規的取得管道？

相符身分	初犯者	累犯者	外國籍受刑人	刑務官	其他

相符設施	單人房	多人房	工廠	其他

受刑人也會發揮創意自行製作替代品

菸酒這些嗜好品，在一般社會上想買就能買到、要多少就能享受多少。然而在刑務所裡，這些卻是禁止的違禁品，因此自然會有人想辦法帶進牆內。

其中一個方法是事先和已確定會出獄的人約好時間和地點，出獄後從牆外丟進來。此外，受刑人還可以收買會進出刑務所的業者、刑務官等相關人士，或是脅迫他們成為附傭，以違法的手段攜入。

過去曾發生過受刑人拉攏刑務官，藉此取得香菸。事情曝光後才發現驚人的事實——原來會偷渡香菸的刑務官不只一人，而是六個人。另外還有案件報告，女子少年院的法務教官以提供香菸為交換條件，做出猥褻收容女性的卑鄙犯罪行為。

順便一提，受刑人只要抽菸，身上殘留的煙味一定會暴露，所以他們都會把煙吸進體內而不吐出來，以免被發現。

另外也會有受刑人太想要抽菸喝酒，不惜努力到設法自製替代品。例如香菸可摘刑務所裡種植的山茶花、玫瑰、皋月杜鵑的葉子，就能當作煙草來捲菸。以前還有人用香蕉皮捲菸，不過現在正餐供應的香蕉都是剝好皮的狀態，所以沒辦法拿來做菸了。

在自製酒方面，有些刑務所會有農耕作業，可輕易取得各種原料，因此受刑人可能偷偷釀造私酒。最簡單的私酒釀造法是利用麵包和蘋果汁當原料，麵包發酵後會釋放出芳香，便可以釀成蘋果酒。

從外面攜入香菸和酒的方法

菸酒

刑務所裡禁止持有香菸和酒，但受刑人可以透過各種手段從外面取得。

從圍牆丟香菸

最多人用來取得香菸的管道就是丟進來。從牆外直接丟入整包菸，或是把裝了菸的球丟進來讓受刑人接收，都是常見的簡單方法。

收買進出刑務所的業者

進出刑務所搬運作業材料的業者，會在貨物裡藏匿酒或香菸、帶進刑務所裡。

恐嚇刑務官

曾經有受刑人對刑務官施壓，恐嚇不拿酒和菸來換，勞役產品就要延後交貨，藉此取得菸酒。

123

連刑務官都會上當！
獄中驚人的裝病技巧

竟然不惜流血也要偷懶！

在出獄以前，受刑人必須一直從事勞役。換算時新只有數十日圓，雖然有加薪制度，藉以激發受刑人勤勞意願，但是受刑人難免還是會有不想工作的時候，這時他們會用的方法就是裝病。最常見的裝病就是腰痛，這是逃避勞役最適合的藉口。此外，還有自行弄破牙齦讓口腔出血，累積一大口血後再吐出來的強者。順便一提，流血免除勞役的成功率很高，甚至還有人狠狠地挖鼻孔挖出鼻血、用筷子弄傷肛門導致出血。與其做到這種程度，做勞役或許還比較輕鬆……。

4章

刑務官的規範

刑務官需要隨時監視受刑人。他們也像受刑人一樣，在工作時必須遵守各種規範。這一章就聚焦於刑務官的身分，詳細解說他們的工作內容、一日行程、成為刑務官的過程。

刑務官的午餐休息時間，約僅有半個小時

🔗 隨時嚴密監視受刑人 絕不容許違規行為

刑務官的執勤型態分為日間勤務（日班）和日夜值班（輪班），基本上是兩者交互安排。這裡主要介紹的是日間勤務的內容。

刑務官的一天行程會因設施而異，通常是早上7點上班，且須提早10分鐘在上班地點整隊，檢查必須攜帶的三件物品（刑務官證、隨身捕繩、哨子），然後接受長官訓示、聆聽事項。

上午的工作是從開房點檢（點名）開始，檢查受刑人是否確實起床，並逐一檢查健康狀態。如果沒有異常，在受刑人吃完早餐後帶他們前往勞役地點。工作時除了監督、指導外，嚴密監視有無違規行為也是重要的工作。

午餐後的下午勞役時間，受刑人於中間空檔沐浴和運動時，刑務官也要隨行。如果當天受刑人預定要會客或理髮，負責的刑務官也要引導他們前往。當然刑務官不是只要站在旁邊看，還需要管理時間、檢查談話內容。

一天的勞役結束後，刑務官要帶受刑人回房並閉房點檢，之後就是整理文件等文書作業。

值日班的刑務官基本上工作8小時，中間包含合計約2小時的休息時間。每次休息約只有半小時，必須趁這段時間做報告、完成吃飯和上廁所。原則上，刑務官休息時間也要留在休息室，如果獄中發生爭吵或鬥毆導致警鈴響起，有義務趕往現場處理。

夜班是24小時執勤（輪班），當然會有小睡和休息時間，但是在缺乏人手的刑務所裡，可能無法充分休息。

刑務官的一天

大多在引導和監視受刑人的刑務官一日

刑務官必須隨時監視受刑人,處於一刻也不得鬆懈的嚴苛環境中。

開房點檢
平日早上7點開始、假日7點半開始巡視受刑人。確認受刑人是否起床、健康狀況如何。

引導和監視
引導受刑人前往上午從事勞役的地點,工作期間要監視受刑人,防範違規行為。

午餐
刑務官會在受刑人的上午勞役結束後,大約12點開始午休、吃午餐。

監視運動場
受刑人會在飯後運動。刑務官這時要引導受刑人前往運動場,監視他們。

監視澡堂
在沐浴日引導受刑人前往大浴場,監視他們洗澡。

刑務官對待受刑人，
唯一方法就是擺撲克臉

相符身分 ▷	初犯者	累犯者	外國籍受刑人	刑務官	其他

相符設施 ▷	單人房	多人房	工廠	其他

雖然刑務官可佩槍 但實務仍是徒手解決

刑務官的職務是協助受刑人回歸社會，監督和指導勞役、檢查健康、提供各種建議、引導與陪同會客和沐浴、巡邏等等。

全日本刑務官約有2萬人。或許有人覺得很多，但是與大約有30萬人的警察相比，比例其實很少，因此刑務所裡經常人手不足。白天工廠由2名刑務官負責100～200人，晚上舍房每位刑務官負責100名以上的受刑人。

對刑務官來說，如何對待受刑人是最重要的課題。重點是千萬不能被看扁，因此刑務官必須時常保持嚴厲的言行舉止，和受刑人劃清界線，盡可能保持面無表情，必要時擺出強硬態度。在初等科研修中，教育刑務官除非在極為特殊的狀況下，否則絕不露出笑容。年輕刑務官或許強烈認知到不可以被受刑人藐視，往往特別盛氣凌人，怒吼的聲音也更嚴厲。刑務所隨時都可能發生意外，所以刑務官會攜帶特殊警棍和手銬，也允許佩槍，但實際發生問題時通常仍是徒手應對。

萬一發生刑務官無法處理的問題，就需要出動警備隊。警備隊因武術經驗而受器重，是透過特別名額錄取的壓制專家，厲害到彷彿格鬥家才是他們的本業。

為了防範受刑人犯下逃獄、自殺、自殘、殺傷事件，刑務所都遍布監視系統。裝設在圍牆、工廠、舍房走廊、單人房等的監視器，還有圍牆的防犯線網、緊急通報系統，都能夠讓刑務官更放心。另外還有警用無線電、指紋驗證的出入口開關系統。

刑務官的職務①

有大量部署的刑務官的工作

刑務官並不是單純監視受刑人而已，還需要聯合各式各樣的部署工作。

千萬不能對受刑人露出笑容
刑務官不能被受刑人看扁，因此不能對受刑人敞開心房，基本上要一直注意保持面無表情。

處遇部門（負責監督）
指導和監督受刑人的生活所有大小事，同時也負責調整受刑人出獄後的落腳處和就業輔導。

處遇部門（負責巡邏）
為了避免受刑人逃跑，要在刑務所內四處巡邏、在工廠監視工作中的受刑人。

醫務課
幫受刑人診療。有護理師執照的刑務官會和醫生一起負責醫療事務。

總務部
負責管理受刑人的貴重物品、籌備糧食和衣服等物資、管理設施設備相關的事務。

管理受刑人用的職務道具

這裡介紹刑務官制伏受刑人用的道具，以及獄中的管理系統。

手銬（第1種）
用於護送受刑人時、受刑人試圖逃亡或對他人施暴造成受傷時、設備已損壞時。

手銬（第2種）
手腕穿過的部分呈筒狀，可以固定兩隻手腕，比第1種更不自由。

拘束衣
判斷受刑人大吵大鬧、有危險性時，就會用拘束衣剝奪他手腳的自由。通常最多只會使用3小時。

監視器
為了在獄中監視受刑人，工廠、舍房、走廊、圍牆等地設置100台以上的監視器。

指紋驗證
有些刑務所引進了使用指紋驗證系統，管理受刑人和職員進出的裝置。

刑務所FILE

刑務官也需要進行射擊訓練

刑務官雖然不能佩著槍到處走，但為了讓他養成身為刑務官的認知，會在任命後進行射擊訓練。

刑務官的職務③

在工作中與受刑人搏鬥的刑務官

刑務官常常會被受刑人毆打，是一份需要強大的身體和心靈的嚴苦職務。

遭到受刑人毆打的刑務官
刑務官在巡邏時常常會被受刑人糾纏、毆打，有時還會受重傷。

大罵受刑人的刑務官
新進的年輕刑務官很容易被藐視，所以有責罵受刑人、大聲怒吼的傾向。

連摔跤選手也相形見絀的猛將。

特別警備隊
如果發生暴動或其他刑務官無法處理的狀況，就會出動專門壓制受刑人的警備隊。他們都有武術段級，一瞬間就能制伏眾多受刑人。

基本上是一人執勤
在有許多受刑人聚集的工廠裡，基本上也只有一名刑務官負責監視。新來的刑務官剛開始會因此感到恐懼。

刑務所的特別名額，需要有武術段級的人才

相符身分 ▷	初犯者	累犯者	外國籍受刑人	**刑務官**	其他

相符設施 ▷	單人房	多人房	工廠	**其他**

參加過全國武術大賽者可透過特別名額錄取

日本刑務官是國家公務員，人事院的刑務官招聘考試合格後就能獲得職位。考場位於全國各地的刑務所，女性志願者的考試就在女子刑務所裡舉行。報名資格只有年齡限制，18歲以上到未滿29歲的男女皆可報名。初試內容是高中畢業程度的選擇題學科測驗和作文，複試則有體力評量和面試。錄取不會只看考試成績，還會調查考生的人格和犯罪前科才決定是否合格，這樣才符合該職業的資格。

在一般考試外，只要有缺額就會不定期舉行召聘考試，另有武術特別名額。這是提供柔道和劍道段級者，或是取得大賽優秀成績的特別錄取名額。有些刑務官是通過國家公務員的綜合招聘考試，以法務省職員身分任職，但名額很少，相當於教官或管理職儲備幹部，不會在現場執勤。

任職刑務官後，必須參加為期約8個月的初等科研修。實際上任前要學習各項法規、教育心理學、醫學基礎，熟悉防身術、實技訓練、文書製作與資訊處理等實務，堪稱是刑務官的第一道門檻。研修過程十分苛刻，因此也有人中途要求退出。

經手實務後，還有就任2年的中等科研修，接著是高等科研修與升遷。例如要升到股長等級需要通過中等科研修入所考試；要升到科長等級，則必須取得高等科研修入所考試的優異成績。刑務官可以安排研修的獨特升遷制度比其他公家機關更完善，可以說刑務所就是實力主義世界。

成為刑務官的過程

考試合格才是痛苦的開始？成為刑務官的過程

要當一名刑務官，必須通過學科測驗和實技測驗。上任後還需要研修，也有不少人中途放棄。

初試

初試是筆試，有選擇題式的學科測驗和作文測驗。難度只有高中畢業的程度，作文是要測驗表達能力和理解力。

複試

通過筆試後，還需要進行單獨面試和評量體能的實技測驗。實技測驗有立定跳遠、反覆橫跳、仰臥起坐等項目。

武術特別名額

在一般錄取名額之外，柔道或劍道段級者只要實力獲得肯定就能錄取。會分配到警備隊。

初等科研修

上任後，要接受為期8個月的研修，上課學習法律和醫學基礎，以及學習防身術的實際操作、事務處理等等。

要如何嚴格管制香菸？
刑務官每天面臨的課題

相符身分 ▷	初犯者	累犯者	外國籍受刑人	刑務官	其他

相符設施 ▷	單人房	多人房	工廠	其他

香菸管理要小心
受刑人都看在眼裡！

刑務官須穿著指定的制服，類似警察的藏青色兩件式套裝。除錄取時領到的制服外，每隔一段期間會再提供新的制服。襯衫和鞋子得自備，應準備清潔簡單的款式，襪子也規定穿黑色。

刑務官通勤時也有相關規範。例如穿著制服時有戴帽義務；下雨時不得撐傘，要穿雨衣。規定比想像中的要繁瑣許多。

如果髮型沒有規定就好了，但是刑務官也被禁止漂和染髮。留長髮也在禁止事項內，不過這不只是打扮的問題，而是考量到在壓制大鬧的受刑人時，長髮可能會遭到拉扯。

刑務官也有像是警察證件一樣的刑務官證，再加上隨身捕繩、哨子，這三件物品必須隨身攜帶。

刑務官原則上不可奔跑，當然發生災害或受刑人企圖脫逃等緊急狀況是例外。反過來說，如果有刑務官正在奔跑，代表現在他正在因應緊急狀況。每天的巡邏也有規定的路線，如果刑務官走在路線以外的地方，也代表正處於緊急狀況。

有趣的是，還有關於香菸的規範。刑務官只能在休息室等指定的地點抽菸，但問題就在於抽完以後會留下菸蒂。受刑人裡有吸菸經驗的人數比例很高，身為長期被迫禁菸的人，只要看到菸蒂就肯定會去撿來抽。因此，刑務官即使是在吸菸室裡抽菸，也一定要注意把菸蒂處理乾淨。當然也別忘了放香菸的置物櫃和抽屜也必須小心鎖好。

規範①	刑務官的服裝和髮型規定

刑務官的服裝和髮型也有各式各樣的規定，必須打理成有刑務官派頭的整齊裝扮。

階級徽章

臂章

帽子

制服

制服分為夏用和冬用，每隔一段期間就會提供新衣。服裝必須注意保持整潔，避免外表顯得凌亂邋遢。

階級徽章要別在外套的領子或襯衫的胸前口袋上方。臂章是指外套袖子的銀線，帽子上也有銀線，階級愈高、線數愈多。

襯衫

襯衫非公費物品，必須自費購買。顏色只限白色和藍色兩種。

黑鞋

必須自費購買，顏色規定是黑色。鞋跟不能太高。

髮型

頭髮要偏短，禁止染髮和長髮。長髮因為容易被拉扯而造成危險，所以禁止。

刑務官特有的打招呼方式和外出申請

刑務官統一以敬禮的方式打招呼，外出時需要提出申請。

敬禮

刑務官在獄中碰面時，一定要敬禮。如果對方是上司，就要先自行敬禮，上司再答禮。階級相同的同袍則是互相敬禮。

外宿申請

刑務官因為旅行需要在外過夜時，要向長官提交「外宿申請」，以備緊急狀況發生時可以釐清所在地。

外出申請

即使沒有在外過夜，只要是前往外縣市等遠距離地點時，都需要向長官提交「外出申請」。如果是應酬聚會，則是提交「集會申請」。

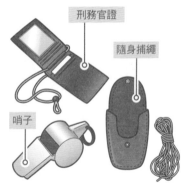

隨身三件物

表明身分的刑務官證、臨時逮捕受刑人的隨身捕繩、在受刑人脫逃等緊急狀況下使用的哨子，統稱為隨身三件物。

對香菸虎視眈眈的受刑人

規範③

過著禁菸生活的受刑人總是想伺機取得菸蒂，因此刑務官必須小心處理香菸。

刑務官可以抽菸

有些刑務官會抽菸。當刑務官休息結束、回到崗位時身上散發出煙味，就會讓受刑人菸癮發作。

只能在休息室抽菸

刑務官只能在休息室等固定場所抽菸。在吸菸室以外的地方不能抽菸，也不能在執勤時攜帶香菸和打火機。

職員置物櫃也要小心

有些受刑人會試圖從刑務官的置物櫃偷菸，所以一定要上鎖。

刑務所FILE

瞄準新來的刑務官勒索香菸！

受刑人拉攏新來的刑務官，藉此取得香菸的案例並不在少數。因此年輕刑務官必須保持堅定的態度。

日本的刑務官，起源於律令制的檢非違使

最早建立犯人更生設施竟是鬼平犯科帳的主角？

刑務所專門收容判處徒刑、禁錮等刑罰的受刑人，日本史上首度建立類似設施的時間是在七世紀下半葉的大化改新後，直到武家政治開始的十世紀左右。這段時期設立囚獄司這個機構，隸屬掌管司法的刑部省，負責行刑和管理收容囚犯的獄所。平安時代改由維持首都治安的檢非違使擔任這個職務。

江戶時代還沒有現在的徒刑和禁錮等拘禁人身自由的刑罰。時代劇裡常見的牢屋敷，是收容正在審理和等待行刑的未決囚的設施，與其說是刑務所，不如說是更接近看守所的收容設施。

當時與刑務所最相似的更生設施有位於石川島的人足寄場。這是推動寬政改革的松平定信，採納小說《鬼平犯科帳》主角的原型長谷川平藏的提議，而建立的設施。十八世紀末的日本農作嚴重歉收，許多遊民和流浪漢進入江戶，犯罪行為頻傳。幕府為了改善治安，特別設置人足寄場並分配職業給人足（受刑人），目的是幫助他們更生。工作內容有結髮、木工、門窗製作、精米等等。除了石川島，大坂（大阪）和箱館（函館）也都有設置。

二戰後，錄取刑務官的人出現一個傾向，他們大多是已解散的舊日軍，又以上尉或中尉等階級為主。戰爭期間以軍人為對象的軍事刑務所的確會有這情況，但在軍事刑務所廢除後，一般刑務所卻仍如此，因此刑務官的行為規範才會是軍隊式，在重視紀律的刑務所裡也算人盡其才吧。

起源

囚犯設施源自於古代

日本收容囚犯的設施自古代以來就已經存在，不過刑務所的基礎卻是奠定於江戶時代。

檢非違使

日本在7世紀下半葉到10世紀左右的律令時代，設立收容囚犯的「獄所」管理機關。獄所是由檢非違使監督，負責行刑和監視囚犯。

牢屋同心

江戶時代監督牢屋敷的官員。有管理牢屋鑰匙的鑰匙員、拷問囚犯時負責鞭打的鞭打員等各式各樣的職務。

寄場奉行

在江戶時代負責監督收容囚犯和遊民、幫助更生的人足寄場的職位，人足寄場就是日本刑務所的基礎。

舊日軍出身者成為刑務官

第二次世界大戰後，很多舊日軍中尉或上尉階級者都錄取成為刑務官。

負責執行死刑的刑務官，可額外領取執行津貼

♂ 死刑的執行只會在當天早上才通知！

日本是先進國家中少數仍保留死刑的國家。刑事訴訟法規定死刑要在定讞半年內行刑，不過在2000年後修改為最短1年、最長19年5個月，有些甚至未執行，原因就出在司法誤判頻傳。

死刑犯在行刑前，會羈押在有刑場的看守所或刑務所。地點在東京、大阪、名古屋、廣島、福岡、宮城，總共7個地方。死刑犯會收容在其中一處，關在單人房內24小時監視，除此之外相對自由。但是死刑犯大多活在恐懼中，只有在死刑當天早上才會收到通知；負責行刑的刑務官也是在當天才接到職務命令。

日本的死刑執行是由法務省起草，由法務大臣批准，經過高等檢察廳下達命令。有些得知將要行刑的受刑人會激烈反抗，因此會由通過選拔的強壯刑務官負責押送死刑犯。行刑前並不會馬上趕赴刑場，而是在教誨室裡聆聽最後的勸誡；如果死刑犯有宗教信仰也可以現場禱告。接著帶受刑人通過前室，由看守所長親自通知行刑。前室是類似等候室的空間，設有祭壇供奉點心，可以飲食。死刑犯也可以在這裡寫遺書，不過大多都事先寫好了。

日本的死刑只有絞刑，刑務官為死刑犯蒙上頭罩、手腳上銬並帶往執行室，讓他站在踏板，將繩圈套入脖子後，再依看守所長指示按下按鈕，這時踏板就會掉落，死刑犯跟著落下。執行按鈕是由3名刑務官同時按下。見證死刑的刑務官可領取津貼，不過慣例是拿這筆錢喝酒花光。

死刑①

刑務官在死刑當天的任務

死刑執行的日子，死刑犯和刑務官都是當天才會知情。會選出3名刑務官擔任死刑執行人。

聽好，
今天……

當天早上才會宣布執行死刑

執行死刑的當天早上才會突然宣布，因此死刑犯每天都活在恐懼之中。刑務官也是當天才會接獲職務命令。

死刑是由3名刑務官同時按下按鈕

3名刑務官在另一個房間裡同時按下按鈕，地板就會打開、死刑犯隨之掉落。為避免看出誰按的是真正執行死刑的按鈕，所以才會安排一起按下按鈕。

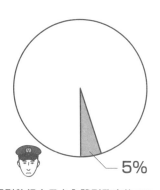

5%

死刑執行人只占全體刑務官的5%

與死刑執行有關的刑務官，只占了任職於看守所的全體刑務官人數的5%。行刑的刑務官必須要能夠莊嚴地完成任務。

行刑後有喝酒的慣例

死刑執行結束後，刑務官可以領到微薄的津貼。他們的慣例是用這筆錢去喝酒。

世界各地的死刑執行制度

日本的死刑是採取絞刑，不過世界各地還有其他各種行刑方式。這裡就來介紹其中一部分。

絞刑

將繩圈套在死刑犯的脖子上，吊掛身體以壓迫頸部，使心臟停止。除了日本以外，韓國、北韓、印度、沙烏地阿拉伯、埃及等許多國家也採取這種死刑。

電椅

流通高壓電，令死刑犯觸電死亡的器具。高壓電會使體溫上升到140度左右，燒燬皮膚和頭髮。美國採取的死刑（現在僅有幾個州實施）。

毒氣室

使用氰化氫氣體致死。美國有幾個州採取的死刑，現在有引進比較不痛苦的氮氣死刑法，但目前尚未有執行案例。

注射死刑

主要在美國實施的死刑。為死刑犯注射3種藥物，以接近安樂死的方式致死。執行人為醫師，大約7分鐘就能行刑完成。

死刑③

古代慢慢折磨至死的恐怖處刑方法

以前的處刑方法有當場致死，也有施加痛苦虐待致死的方法。

斬首刑

以刀具斬斷脖子，讓死刑犯當場死亡。這是自古代到現代世界各地都曾執行過的刑罰，現在只有沙烏地阿拉伯還保留。

石刑

將死刑犯下半身埋進地面，對著動彈不得的囚犯扔石塊鈍擊致死。伊朗等伊斯蘭圈國家的部分地區至今仍採用這個方法。

江戶時代的處刑方法

磔

偷度關隘和製造假錢而落網的人專用的刑罰。將囚犯綁在刑場上的十字磔柱上，以長矛刺穿身體。會公開行刑。

火炙

縱火犯適用的刑罰。死刑犯會綁在竹子捆成的柱子上，用茅草包裹身體，點燃堆在腳下的柴火行刑。

切腹

由於切腹會讓血和內臟流出來，後續處理很辛苦，所以在江戶時代中期以後改成用扇子代替短刀，在死刑犯伸手拿扇子的那一瞬間斬首行刑。

徹底防範脫逃！
無處可逃的獄中設計

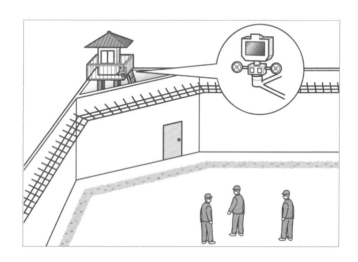

但依然有輕鬆就能脫逃的刑務所

現代日本與外國不同，幾乎不可能成功逃獄。理由不是因為刑務所裡設置了指紋驗證系統、紅外線感應器等最先進的高科技設備，而是就算翻過圍牆也無處可逃。不過，也不是完全沒有人逃獄。近年的案例就是在2018年4月，有受刑人從松山刑務所造船作業場逃獄。不過，松山刑務所的造船作業場是號稱開放式處遇設施的地方，沒有設置圍牆，只要有心的話，逃獄是輕而易舉的事。逃獄的受刑人是以回歸社會為前提的模範囚犯，所以刑務所大概也沒想到他會犯下逃獄罪。順便一提，這名逃獄的受刑人大約在3週後就落網了。

5章

出獄的規範

很多人即使平安離開刑務所，之後身處自由世界時卻又將面臨生活不順遂的問題，結果又再度回到刑務所。這一章就來介紹受刑人出獄後的生活、回歸社會的輔導方式、有案底者特有的習慣。

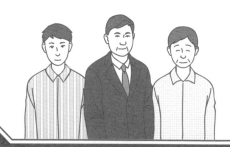

平時的表現與態度，是獲得假釋的先決條件

相符身分 ▷	初犯者	累犯者	外國籍受刑人	刑務官	其他

相符設施 ▷	單人房	多人房	工廠	其他

✀ 支援出獄後的生活 最好的保證人是親屬

刑務所有「假釋」制度，只要受刑人符合一定的條件，不必等到服滿刑期就能出獄。這個制度適用於徒刑和禁錮刑的受刑人，且已充分反省、沒有再犯之虞，也表現出更生態度的受刑人。

假釋的絕對條件，當然要有刑務所所長許可，以及受刑人必須確實反省更生，因此講求的是受刑人在刑務所裡的生活態度。刑期服滿三分之一也是其中一個條件，受刑人通常會在刑期經過三分之二以後獲得假釋。如果是無期徒刑，條件是要服滿10年的刑期，但實際上都會拉長到30年以上。

除此之外，高齡人士和無依無靠者，很難獲得假釋。反而是受刑人本身會因為自己年事已高，而不願意接受假釋，因此受刑人是否有假釋意願也是條件之一。

是否有保證人也是假釋的一個重要條件。保證人是負責收留受刑人，在他出獄後持續監督的身分，所以最好是由受刑人的親屬擔任。不過，很多受刑人因為坐牢而與親屬斷絕關係，所以也可以指定親屬以外的人擔當保證人選。只要受刑人從朋友、熟人當中選出適合人選，並獲得對方承諾即可。

不過，保證人還需要通過審查才能正式確定其身分。刑務所會調查對方是否適任保證人，批准後才會正式確定假釋。如果未能批准，就必須進行保證人變更手續。另外，如果沒有人願意擔任保證人，受刑人就要向負責觀察假釋者的保護觀察所諮詢。

假釋

有些人未服滿刑期就出獄

在服滿刑期以前獲准出獄，稱作假釋。但是，假釋通過需要符合各式各樣的條件。

要有照顧假釋犯的親屬

即使受刑人假釋出獄，如果沒有人照顧他，還是很有可能再度犯罪。如果有認真的親屬願意幫忙照顧，刑務所也能安心放人。

有正當工作

出了獄卻沒有工作，可能會因為缺錢而再度犯罪。如果已經決定了工作地點，假釋會比較容易通過。

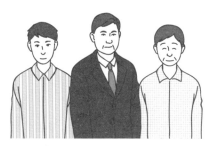

假釋一定要有保證人

不論是不是親屬，有保證人都是假釋絕對必要的條件。只要能讓刑務所信賴，由沒有血緣關係的熟人擔任也沒問題。

刑務所FILE

高齡受刑人大多服滿刑期才出獄

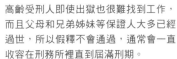

高齡受刑人即使出獄也很難找到工作，而且父母和兄弟姊妹等保證人大多已經過世，所以假釋不會通過，通常會一直收容在刑務所裡直到屆滿刑期。

出獄後的支持網，
提供更生服務的民間團體

相符身分 ▷ 初犯者 累犯者 外國籍受刑人 刑務官 **其他**   相符設施 ▷ 單人房 多人房 工廠 **其他**

🔗 提供住宿和飲食以及生活與就業輔導

如果沒有保證人，只要找保護觀察所諮詢，保護觀察所就會聯絡委託的更生保護設施。當受刑人確定可以進入更生保護設施後就符合假釋的條件，出獄後即可在該更生保護設施裡生活。

保護觀察所是國家機構，有保護觀察官、觀護人支援假釋犯回歸社會。假釋者出獄後會直接前往這個地方報到，這裡也會幫忙介紹就業輔導的團體。

相較之下，更生保護設施是透過國家支付的更生保護委託費來經營的民間團體，是沒有親屬可以依靠、流離失所的假釋者可以實際生活的地方。2018年6月，全日本共有103個更生保護設施，收容人數超過2000人。

假釋者在更生保護設施裡，可以從各方面接受自立、更生所需的援助。這裡會提供生活基本需要的住宿和飲食，以幫助假釋者進行自立準備。同時，假釋者也會在這裡接受有助於回歸社會的指導與援助，以及維持出獄後自立生活的就業輔導。進入這裡的人會從事志工活動，接受可以及早適應社會生活的生活輔導、調整離開這裡以後的居住場所，得到各方面的照顧。

除了假釋者外，滿期出獄者和判處緩刑者也會在這裡生活。

設施會將男女分開（也有男女合用的設施），固定收容20～30人。房間通常是單人房，大多位在刑務所周邊。不過，更生保護設施無法長期居留，假釋者只有假釋期間才能居住，滿期出獄者則限住半年。

更生保護設施

支援出獄人士的設施

更生保護設施是輔導和支援出獄者回歸社會的設施。有一部分假釋者會寄居在這裡。

提供三餐

在一定期間內免費供餐,讓出獄者當下的生活無虞。餐點是比刑務所更溫熱的飯菜,分量充足。

一定期間的免費住宿

更生保護設施也提供住宿。大部分的房間裡都備有床鋪和書桌,裝潢自然比刑務所更整潔。

就業輔導

幫忙仲介工作、提高就業意願。在部分情況下,還會將假釋中的受刑人引介給雇主。

財務管理

寄居在更生保護設施裡的人大多數都不懂得管理金錢。因此也會以自立為前提,指導他們存錢和用錢的方法。

刑務所FILE

推動更生設施的第一人 慈善家金原明善

在日本設立第一座更生保護設施的人,叫作金原明善。他也是曾經整治天龍川、開拓北海道的明治時代知名企業家。

獲釋前的常識接軌，也包括學習洗衣機的用法！

相符身分 ▷ | 初犯者 | 累犯者 | 外國籍受刑人 | 刑務官 | **其他** |

相符設施 ▷ | **單人房** | 多人房 | 工廠 | **其他** |

學習刑務所外的資訊 接受各種日常實務體驗！

確定可以出獄的受刑人，必須要在假釋2週前、滿期出獄者則是在1週前，接受出獄前教育。受刑人已經完全習慣刑務所生活了，所以這個流程要幫他們進行回歸社會的復健。簡單來說，就是要彌補他們服刑期間失落的經驗。順便一提，出獄前教育會因刑期的長短、受刑人的資質而更改指導期間和內容。

尤其是滿期出獄者，很多是未通過假釋、受刑態度不佳者。滿期出獄者每天接受輔導，但不是團體輔導，通常是個別輔導。

另一方面，假釋犯的輔導會紮實執行。刑務所會在每週固定的日子定為假釋日，在這一天釋放5～20人左右。在出獄兩週前，同一批人得以免除勞役，開始接受出獄前教育。

出獄前教育是在名為「假釋準備宿舍」的半開放式、類似一般民宅的設施裡實行。最大的目的是讓他們在更接近一般社會的環境下共同生活，消除他們對出獄的不安。這個設施裡沒有刑務官巡邏，可以使用一般器皿吃飯、操作洗衣機，體驗自主生活。

此外，有些刑務所還會實施購物體驗、志工活動，或是提供在需要通勤的民間事業單位的就業體驗。不過，這些都是專門提供給假釋受刑人的教育，滿期出獄的受刑人幾乎不准離開刑務所。

除了體驗型教育以外，還會利用演講、影音教材實施教育。內容包含出獄後的心理準備、就業薪資的狀況、年金和健康保險的加入方法，涉及各種領域。

假釋

出獄前教育

回歸社會需要先接受事前教育

受刑人確定假釋後，在出獄日兩週前會開始進行出獄前教育，也就是為了回歸社會的復健。

出獄

洗衣機的用法
幫受刑人洗衣服的是收容在同一座刑務所的衛生人員。但是在外面的世界，衣服必須自己洗，所以出獄前教育也包含教導他們洗衣機的用法。

影音教材
假釋犯得以免除勞役，取而代之的是接受獄前教育，觀看影片學習用字遣詞、大眾交通工具的搭乘法、物價的變遷等等。看完後還要寫心得繳交。

免除巡邏
既然還有十幾天就出獄了，那麼受刑人逃獄的機率微乎其微，因此不會再有刑務官巡視舍房。

獄外實習
出獄前教育也包含到刑務所外工作，作為勞動的練習。這時不會有刑務官陪同，受刑人必須自行前往。

觀護期內若是工作偷懶，就會被帶回刑務所

相符身分 ▷ | 初犯者 | 累犯者 | 外國籍受刑人 | 刑務官 | **其他** |

相符設施 ▷ | 單人房 | 多人房 | 工廠 | **其他** |

🔗 嚴禁未經許可的移動 再犯便立刻關回牢裡

假釋出獄的受刑人處於正在保護觀察的狀態，這個狀態會一直持續到整個假釋期間（服滿刑期日）。例如判處有期徒刑5年的受刑人，假釋就會一直持續到刑期的最後一天。

出獄後，假釋者必須前往全日本共有50座的保護觀察所，在這裡接受保護觀察官的面試、辦理手續，再依通知去見負責的觀護人。觀護人是支援犯罪者更生的人，每個月會定期面談兩次，也是受刑人報告生活狀況的對象。

觀護人會在保護觀察的期間評估假釋者是否染上酗酒賭博之類的惡習、是否有再犯之虞，也會與假釋者能否順利適應社會，或是就業和煩惱討論等。

在保護觀察期間，儘管生活環境不像獄中那麼嚴厲，但依然必須在保護觀察官、觀護人的監視下過日子，因此還是有必須遵守的事項。上述提到的「面談」就是其中之一。此外，假釋者不得再度牽涉犯罪、住所固定、取得保護觀察所的許可，才能搬家和外出旅行7天以上。

順便一提，假釋者申請護照時需要申報是否正處於保護觀察期間。如果老實申報，護照可能就不會核發，即使核發也無法入境目的地國家。但要是為了旅行而謊報，就會觸犯護照條例，再度成為犯罪者而被關回刑務所。

如果假釋者沒有遵守事項，保護觀察期就會中止，必須回到刑務所並回溯假釋日期，繼續服完剩下的刑期。如果再度犯罪，就要再加上該罪行的刑期。

取消假釋

如不遵守規範就要再度收監

假釋出獄者會受到保護觀察所的監視，保護觀察期會一直持續到服滿刑期為止。

只要違反規定就送回刑務所！

假釋就是字面上的意思，終究只是假性釋放。假釋者若是不遵守和保護觀察所的保護觀察官、觀護人的約定，就會再度押回刑務所。

保護觀察期間的禁止事項

未經許可外出旅行

假釋者可以旅行，但在保護觀察期內有報告的義務，尤其是7天6夜以上的旅行和出差，需要先提交許可申請書。

黑道交友關係

不得和有前科的熟人、朋友往來，一旦暴露就會再度送回刑務所。

工作偷懶

自立更生需要認真工作。這方面如果情節嚴重者，也會被送回刑務所。

酗酒

假釋者必須維持健全的生活態度，酗酒等行為都不能容忍。

長年於刑務所生活的人，往往無法與女性自然對話

相符身分 ▷	初犯者	累犯者	外國籍受刑人	刑務官	其他

相符設施 ▷	單人房	多人房	工廠	其他

在刑務所生活中養成規律的好習慣

受刑人在嚴格規範下每天過著規律的生活，大多會比在刑務所外更健康。因為三餐都有計算熱量，也考慮到營養均衡，且主食的麥飯比白米飯更有益健康，也不會吃太多零食點心。就算是原本肥胖的受刑人，也會瘦成健康的標準體重，這就是為什麼坐牢可以免費減肥。

受刑人每天早上在固定的時間起床，白天身體會適度活動，夜晚的睡眠時間十分充足。吃飯時間固定，規律的生活讓夜貓子也會變成晨型人，生理時鐘也矯正了，因此健康狀況極佳。

舍房內的整頓也相當嚴格，只要過上一段刑務所生活後，大多受刑人都會忍不住將環境整理乾淨，變得喜歡打掃。一直對刑務官畢恭畢敬，用字遣詞變得細心有禮；隨時需要抬頭挺胸，姿勢也改善了，都是常有的變化。

可是，刑務所生活也會留有後遺症。例如受刑人覺得自行管理金錢很奇怪、對待女性變得很笨拙、沒有指令就不知道該怎麼做事——這些不知不覺間耳濡目染的刑務所規範，大多會令出獄的受刑人感到困惑不已。

以金錢管理來說，特別是近年興起的行動支付、電子錢包，光要學會就得煞費苦心。一包香菸的價格和消費稅率，諸如此類和入獄前大不相同的變化，都會令他們兀自吃驚。他們需要一個口令一個動作，也是源自於服從刑務官命令而遺留的習慣。甚至有人出獄後仍習慣站在門前等待開啟，或是不會主動開口攀談。

生活習慣①

刑務所生活中耳濡目染的生活習慣

獄中生活一旦拉長，不論是好的還是壞的生活習慣都會逐漸耳濡目染。首先這裡就來介紹相對較好的生活習慣。

經常保持端正的姿勢
在刑務官面前倘或姿勢不良會遭到處罰，所以只要過上幾年的刑務所生活，姿勢就會改善。

早睡早起
入獄前過著墮落生活的人，在獄中就能養成規律的生活作息，出獄後還擺脫不了這個習慣。

整理整頓
若是不將舍房整理乾淨，也會遭受處罰。很多人經過刑務所生活後，都自然變得愛乾淨。

好好吃三餐
刑務所裡一定會提供三餐。養成好好吃滿三餐的生活習慣後，會變得不吃就渾身不對勁。

在刑務所這個特異的地方生活，也會養成妨礙受刑人回歸社會的不良生活習慣。

走在上司前面

在社會上，下屬走在上司後面才是正確的禮儀；但是在刑務所裡，受刑人按規定要走在刑務官前方。有些人沒能擺脫這個習性，一不小心就走在上司前面。

缺乏羞恥心

刑務所裡不論是更衣還是上廁所，身邊總是有人，反而不需要羞恥心。但是有些受刑人回歸社會後依然若無其事地當著別人的面換衣服，嚇壞眾人！

無法在漆黑中入睡

刑務所裡有刑務官巡邏，所以就寢時不是一片漆黑，基本上會保留一點燈光。這種習慣已經根深蒂固，所以在漆黑的房間裡反而會睡不著。

進食速度很快

獄中的吃飯時間有半小時，但包含準備時間和上廁所的時間，所以必須在大約10分鐘內吃完。因此很多人出獄後，進食速度都變得很快。

無法自己開門

在獄中不會讓受刑人自行開鎖和上鎖，因此出獄後會有一瞬間習慣停在門前，等待門自動開啟。

金錢價值觀偏誤

長期待在刑務所裡，容易和物價的變動脫節，因此在買香菸時會因為價格比想像中來得貴而吃驚。

整天待在房間裡

在刑務所裡會受到規定束縛、不容許有自主性。收監時期愈長的人，愈容易變得無法選擇事物、做不了決定，因此自閉在家中的例子也不在少數。

無法和女性對話

在刑務所裡沒有接觸異性的機會，所以會覺得不自在、不善於和女性對話，甚至有人光是和女性對上目光就會臉紅。

157

更生人只要不主動告知，案底其實很難曝光

相符身分 ▷ 初犯者 累犯者 外國籍受刑人 刑務官 **其他**　　相符設施 ▷ 單人房 多人房 工廠 **其他**

只要沒有自主告知暴露前科的可能性很低

有案底的人，在就業和結婚的路上似乎很不利。所謂的案底是指曾有判刑紀錄的意思。

日本的案底會記錄在各鄉鎮市公所管理的「犯罪名冊」。這是在接到地方檢察廳通知判刑確定者的資料後，用來確認選舉權與被選舉權的名冊。名冊受到嚴密管制，包含當事人在內，外界人士都無法查閱這份紀錄資料。

另外還有一個東西叫作「犯歷票」，在被告確定判處罰金以上的刑罰時，會在這裡留下記錄並保存。這是由檢查廳管理的資料，屬於刑事訴訟的資料，只有檢察官、檢察事務官才能查閱。

一旦在犯歷票上留名，就不可能刪除，而犯罪名冊上的資料只要符合條件就能刪除。例如緩刑只要順利服滿刑期、罰金以下的刑罰只要出獄後5年內不再犯、禁錮以上的刑罰則是出獄後10年內不再犯，另外還有大赦和特赦，都可以從名冊中刪除姓名。

這些案底資料不必擔心被外人看見，只要自己不主動告知，暴露的可能性極低。

日本的求職履歷表上有個賞罰欄，用來填寫榮譽和刑罰，有案底者如果在這裡填上「無」，將會涉及履歷造假。這時可選擇沒有賞罰欄的履歷表，就不必填寫賞罰經歷。教師、律師、專利師若判處禁錮以上的刑罰，會被剝奪國家執照，也不得再考取。

網路普及的現代，一旦留下案底資料很麻煩。雖然可以請網站經營者刪除，但案底資料可能早就外流，很難完全刪除乾淨。

案底

只要自己不主動告知就不會曝光！

曾經坐過牢的人稱作有案底人士，但只要隱瞞不說，幾乎不可能曝光。

假釋

出獄

隱瞞是最好的方法

只要當事人不主動告知，案底就不會曝光。雖然履歷表有賞罰欄，但空著不填也會涉及造假，只要改用沒有賞罰欄的履歷表，就沒有造假的問題。

不得競選

法律規定有案底者在一定期間內不得成為選舉的候選人，因此只要不出面競選，案底就不會曝光。

不會核發護照

有違反護照條例前科的人，申請護照通常不會核發。即使能夠核發護照，也不會通過目的地國家的入境查驗。

刑務所FILE

重大事件會導致全家搬遷

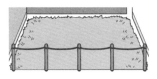

犯下重大罪狀的犯罪者，其全家會被四周鄰居視為有案底人士或犯罪者，幾乎都不得不選擇搬家。雖說案底只要不主動告知就不會暴露，但是只要居住地有人知道當事人服刑的罪狀，左鄰右舍也都會知道，因此出獄後很難再繼續住在當地。有案底人士若不想曝光身分，大前提就是要遷居。

近年來，日本受刑人的權利已大幅提升

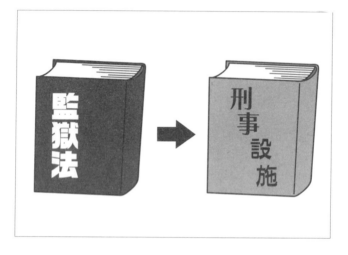

日本刑務所不是監獄，而是刑事設施！

　　日本因為屢屢發生外國籍受刑人申訴，或是刑務官對受刑人施暴致死的事件，在2006年修正監獄法。這是監獄法自1908年制定以來，睽違約100年的修正。傳統刑務所內的勞役被批評為奴隸式的強制勞動，受刑人違規會遭到拷問處罰一事傳到海外以後，許多國際人權團體都呼籲日本政府改善。透過這次修正，日本受刑人的權利得以提升，刑務所也不再是「監獄」，而是改稱為「刑事收容設施」，還增設了由外界有識之士共同檢驗的「法務省刑事設施視察委員會」。順便一提，監修本書的河合幹雄正是這個委員會的前委員長。

矯正機關和刑務所
面臨的問題

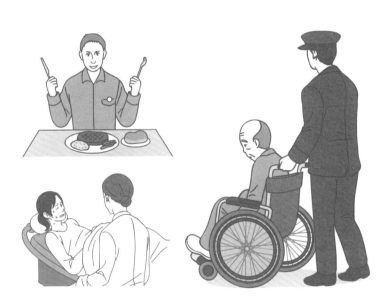

受刑人會因為年齡、性別、罪狀而收容於各種不同的刑務所設施，各個設施都各有特色，像是外國人較多的設施、女子刑務所、收容未成年的少年院和觀護所等。這裡就來解說日本各個設施鮮為人知的實際狀況，以及刑務所面臨的各種問題。

外國人的待遇竟比日本人更好？

駐日美軍收容所（橫須賀分所）

橫濱刑務所橫須賀分所是日本唯一收容美軍相關人士的專門舍房。收容在這裡的美軍相關受刑人，會在服完約一半刑期後獲得假釋、被遣返回國。如果是判處10年有期徒刑，5年後就會獲准假釋。這裡提供的餐點是西餐，早餐有鍋煎鬆餅、起司蛋包、蒸穀米等等；午餐有牛排、馬鈴薯、什錦水果等等，都是迎合歐美人士的口味。另外，日本受刑人在用餐時有熱茶喝，在駐日美軍收容所裡則是有咖啡或牛奶。洗澡是用淋浴的方式，單人房的空間稍微大一點。受刑人看起來待遇很好，但作法都符合日美行政協定。

餐點都是西餐，麵包提供日本品牌「Pasco」。

不泡澡，而是淋浴。

出獄後會強制遣返。

蓄髮長度比男性更加自由

女子刑務所

　　相對於男性受刑人一律剃光頭，在女子刑務所裡的髮型和髮長較為自由。而且，受刑人也可以使用髮夾或髮圈。還有刑務官九成以上都是女性、圍牆高度建得比一般刑務所低2公尺等等，有很多與男性專用刑務所不同的地方。懷孕中的女性受刑人在分娩時會到外面的醫院，生產後可以帶著孩子在刑務所裡生活1年半，且獄中設有育兒室。多人房和單人房都沒有上鎖，但近年來女性受刑人有素行惡化的趨勢，因此有些女子刑務所開始建造帶鎖的單人房。女性受刑人在2011年以前有增加的傾向，不過之後便逐漸減少了。

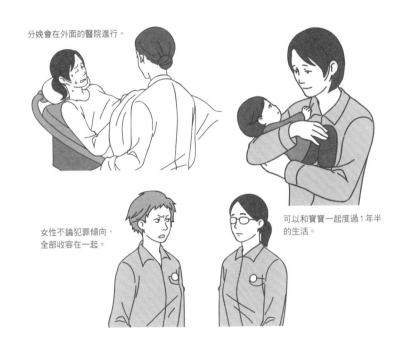

分娩會在外面的醫院進行。

女性不論犯罪傾向，
全部收容在一起。

可以和寶寶一起度過1年半
的生活。

評鑑是否移送少年院的設施

少年鑑別所

少年鑑別所是評鑑素行不良的20歲以下少年少女的設施，全日本共有52所。為了鑑別在家事法院中接受保護處分的他們是否有更生的希望，會在收容期間根據心理學、教育學等專業知識，調查他們的資質和狀況。為儘量避免這些青少年送進少年院，鑑別所內會過著早上7點起床、晚上9點就寢的規律生活，為期最長8週，藉此判斷他們是否可能更生，決定是要送交少年院或是回家。不分性別，少女也比照辦理。

類似全住宿制學校的設施

少年院

少年院的目的是將涉入犯罪的少年從有問題的生活環境隔離、加以保護。沒有像刑務所一樣的圍牆，呈現全住宿制學校的氣氛。設施內安排了學科、操行教育、體育指導等課程，每一位少年都有數名教官負責教育。收容16歲到未滿23歲的人，送交少年院的人會在警局和法院裡留下前歷，但不會有「前科」。順便一提，少年院提供的飲食熱量比刑務所更高，所以很多人進去以後反而發胖。

名稱有如女子高中的矯正設施

女子少年院

愛光女子學園、交野女子學院、貴船原少女苑，這些名稱聽起來或許會讓人聯想到女子高中，其實這些都是收容未成年犯罪少女的少年院。男子大多是因為竊盜等罪行而收容於少年院，女子則大多是因為持有毒品和殺人。全日本有9座女子少年院，建築外觀都不會讓人聯想到是收容女生的少年院。收容期間要接受生活訓練、職業輔導、修習義務教育課程等等。法務教官幾乎都是女性，所以會委託外包公司（SECOM）建構保全設施。

氣氛比一般刑務所更自由

交通刑務所

專門收容交通犯罪人士的刑務所就稱交通刑務所，但這只是一種通稱。這裡以前是用來收容因交通意外而被判處禁錮刑的受刑人，規定不比一般刑務所嚴厲，圍牆也是開放式的感覺。不過，在2001年東名高速公路發生酒駕卡車司機撞死2名女童的意外後，日本為此制訂了危險駕駛致死傷害罪。由於刑務所收容的是犯下無照駕駛、酒駕、肇事逃逸等重大死傷意外的受刑人，因此目前政府正考慮將交通刑務所的控管加強到比照一般刑務所的水準。

受刑人真的都接受正當管理嗎？

刑務所面臨的各種問題

現代日本刑務所正面臨再犯率高、受刑人高齡化等許多問題。這些問題的原因究竟出在哪裡呢？

再犯率高的問題

　　刑務所是贖罪用的設施，但目的也是幫助受刑人更生。也就是說，刑務所的理想是讓出獄的人都能作為社會的一分子好好生活、不再犯罪。但現實並非如此，統計資料顯示「滿期出獄者當中，大約每兩人就有一人會再犯、回到刑務所坐牢」。再犯率高的背景在於受刑人沒有正當的就業經驗，或是願意錄取他們的公司很少，遲遲無法有穩定的職業。此外，出獄者很容易遇上找不到房子的問題，如果居無定所，求職時連面試機會都沒有。基於這個緣故而再度犯罪的出獄者才會不斷出現。

刑務所高齡化的問題

　　上一頁提到有非常多受刑人儘管出獄了，卻還是再度犯罪回到刑務所裡。也有很多受刑人在頻繁進出刑務所的過程中逐漸衰老，間接造成了累犯高齡化的現象。日本法務省2016年的統計結果顯示，65歲以上的受刑人占了12.2%，這個比例今後應該會繼續增加。高齡受刑人增加，會導致許多問題。首先是受刑人若因疾病而長臥不起，不僅無法從事勞役，還需要刑務官、看護人員、醫師的照顧，使人手不足的問題加速惡化。而且，高齡受刑人出獄後，在社會上也沒有容身之處，大多會再度犯罪回到刑務所。這種狀況下很有可能是失智症的影響造成犯罪案例增加。

有些高齡受刑人無法做勞役，一整天都在捏黏土。

刑務所中的自閉問題

　　外國刑務所總是因為受刑人暴動和逃獄而傷透腦筋，但是日本不同，日本刑務所特有的問題是「在獄中自閉」。有些受刑人因為遭到霸凌或其他人際關係問題，於是拒絕外出勞役、閉關在舍房裡足不出戶。原因可能是日本人具有容易獨自忍讓的民族性，或是在多人房中一起生活、又一起從事勞役，導致人際關係過於密切。此外，也可能是因為為了避免問題發生而用繁瑣的規定束縛受刑人的制度，加上無法融入團體中的受刑人遭到排擠，才會導致自閉的現象。

女子刑務所的高收容率問題

　　全日本只有11所收容女性受刑人的刑務所設施，每一所都已經爆滿、處於超額收容的狀態。問題在於女子刑務所沒有空缺，被告判刑定讞後卻無法從看守所移送入獄，也無法從事勞役，因此也沒有機會假釋。不過，這個狀況目前已經逐漸改善。根據2017年日本犯罪白皮書，2006年以前的既決囚收容率超過100%，但是在擴充收容人數後，從2011年開始已逐漸下降，2016年的既決囚收容率已下降到91.4%。

女性受刑人大多是犯了竊盜罪或持有毒品而入獄。

刑務所醫師不足的問題

　　167頁提到，日本刑務所目前的隱憂是受刑人高齡化的問題。高齡受刑人一旦增加，就需要有醫師處理他們的疾病，但刑務所裡的醫師人數不足。尤其是大城市以外的地區執業醫師較少，因此這些地區的刑務所也嚴重缺乏醫師。此外，由於病患的身分是受刑人，也是導致刑務所裡醫師不足的原因。基於這種狀況，日本在2015年成立了專法，開放醫師到其他醫院工作，並改善在刑務所和少年院工作的醫師待遇。儘管這個配套措施成功遏止了醫師減少的問題，但依然有些設施缺乏醫師，還需要更進一步的對策。

死刑存廢的問題

　　廢除死刑是國際上的潮流，但是現階段大多數的日本國民都認同死刑。肯定死刑制度的主要意見有「讓加害者活命就是無視被害人家屬的心情」、「加害者必須以命償命」、「死刑可以遏止兇殘的犯罪」等等。另一方面，主張廢死的意見主要有「萬一是在司法誤判的狀況下執行死刑，就無法挽回了」、「讓犯人活著贖罪比較好」、「國家沒有權力殺人」等等。實際上，也有專家質疑死刑抑制犯罪的效果，今後仍需要更深入探討。

人人都有可能

入獄服刑

　　各位讀完這本《現代刑務所的作法》以後，有什麼感想呢？

　　刑務所會提供完整的三餐，但卻不是每天都能洗澡。在刑務官的監視下默默從事勞役工作，每個月能賺到的錢卻只有低廉的4500日圓左右。雖然可以看書籍雜誌，但是卻不能碰現代人必備的智慧型手機⋯⋯。

　　即使住進看似能保有個人隱私的單人房，想說話時卻沒有對象；即使住進多人房，人際關係又壓力山大。或

許大多數人還是會覺得「我絕對不要去坐牢」吧。

但是，也有不少人抱著「至少刑務所可以遮風避雨」、「至少有三餐溫飽」的無奈念頭而進入刑務所。這些人無法適應社會，是一群陷入社會夾縫中難以生存的人。

他們與生活在現實社會中的我們，究竟有什麼不同？學歷、經濟能力都是可以輕易想到的理由，但是成長的家庭環境、與生俱來的才能，以及「運氣」也都有很大的關係。

人人都可能因為某些緣故而鋃鐺入獄，但我們也只能冀望自己可以永遠和那個地方毫無關聯。

河合幹雄

參考文獻

◆ 書籍

『もしも刑務所に入ったら「日本一刑務所に入った男」による禁断解説』
河合幹雄 著（ワニブックス）

『日本の殺人』河合幹雄 著（ちくま新書）

『終身刑の死角』河合幹雄 著（洋泉社新書y）

『刑務所（雑学3分間ビジュアル図解シリーズ全）』坂本敏夫 著（PHP研究所）

『元刑務官が明かす刑務所のすべて』坂本敏夫 著（文藝春秋）

『図説 知られざる刑務所のすべて』坂本敏夫 著（日本文芸社）

『図解 刑務所のカラクリ』坪山鉄兆 著（彩図社）

『刑務所の謎』知的発見！探検隊 著（イースト・プレス）

『刑務所生活の手引き』名和靖将 著（イースト・プレス）

『新訂版 実録！ 刑務所暮らし』別冊宝島編集部 編集（宝島社）

『刑務所なう。完全版』堀江貴文 著（文藝春秋）

『ムショメシ』川保天骨著、籔中博章 著（三才ブックス）

『大江戸復元図鑑〈武士編〉』笹間良彦 著（遊子館）

※ 另有許多參考資料。

監修　**河合幹雄**

法律社會學者。於京都大學研究所專攻法律社會學後，留學法國法學研究所的名門學校巴黎第二大學。之後曾任京都大學法學部助理，現為桐蔭橫濱大學法學部教授兼任副校長，同時也是公益財團法人矯正協會評議員、全日本慈善面試委員聯盟評議員，也擔任日本犯罪社會學會理事、日本法社會學會理事、日本被害者學會的理事。曾任警察大學教師、囑託法務省刑事設施視察委員會委員長等職務。著有多本探討日本刑務所制度與刑罰的專書，亦曾參演電視節目及接受報章雜誌等媒體專訪。

STAFF

企劃・編輯	細谷健次朗、柏もも子、工藤羽華
執筆協力	村沢讓、野村郁朋、龍田昇、上野卓彥、玉木成子
插畫	熊アート
設・DTP	G.B. Design House
封面設計	深澤祐樹（Q.design）

日本現代監獄的制度

出　　　版／楓樹林出版事業有限公司
地　　　址／新北市板橋區信義路163巷3號10樓
郵 政 劃 撥／19907596　楓書坊文化出版社
網　　　址／www.maplebook.com.tw
電　　　話／02-2957-6096
傳　　　真／02-2957-6435
監　　　修／河合幹雄
譯　　　者／陳聖怡
責 任 編 輯／江婉瑄
內 文 排 版／楊亞容
港 澳 經 銷／泛華發行代理有限公司
定　　　價／400元
初 版 日 期／2023年4月

國家圖書館出版品預行編目資料

日本現代監獄的制度 / 河合幹雄監修；陳聖怡譯. -- 初版. -- 新北市：楓樹林出版事業有限公司, 2023.04　面；公分

ISBN 978-626-7218-46-4（平裝）

1. 獄政　2. 監獄　3. 日本

589.81　　112001905